Couverture inférieure manquante

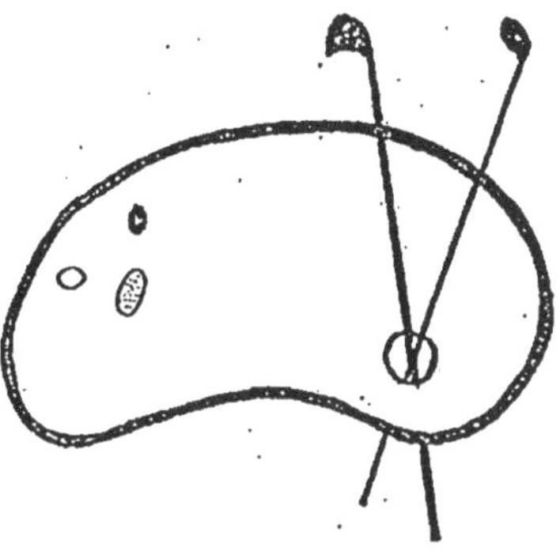

ORIGINAL EN COULEUR
NF Z 43-120-8

[C]ommission des Patronages

La Journée des Patronages

1897

LA
JOURNÉE DES PATRONAGES

COMPTE RENDU

DES RÉUNIONS D'ÉTUDE ET DE TRAVAIL

tenues à l'Institut Catholique de Paris

LE 2 JUIN 1897

SOUS LA PRÉSIDENCE DE Mgr PÉCHENARD

VICAIRE GÉNÉRAL

RECTEUR DE L'INSTITUT CATHOLIQUE DE PARIS

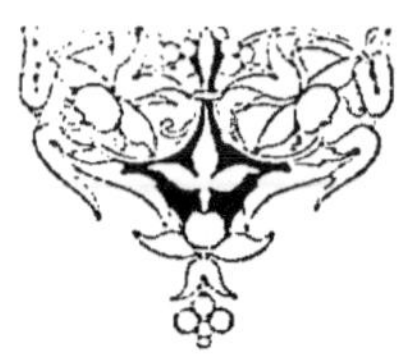

PARIS

COMMISSION DES PATRONAGES

7, rue Coëtlogon, 7

COMMISSION DES PATRONAGES

Siège : Institut Catholique, Paris

BUREAUX : 7, RUE COËTLOGON, PARIS.

ouverts
de 8 heures à 9 heures le matin, et de 5 heures à 7 heures le soir,
sauf les dimanches et fêtes.

La Commission a pour but de favoriser la création et le développement des œuvres de patronage, d'éducation et d'instruction populaires.

Ses moyens d'action consistent dans la vulgarisation par la presse, la parole, la correspondance et les visites, des meilleures méthodes employées dans les patronages.

Sans jamais s'ingérer dans la direction des œuvres, elle leur offre son concours dans toutes circonstances et pour tout ce qui peut leur être utile.

Elle s'efforce d'établir entre les patronages un lien spirituel par la célébration de Messes aux intentions du Souverain Pontife, de la France et des Œuvres.

SERVICES DE LA COMMISSION DES PATRONAGES

SERVICES D'ORDRE MATÉRIEL

La Commission aide les œuvres dans l'achat :

Des jeux de toute nature, — des agrès de gymnastique et matériel scolaire, — des pièces de théâtre, monologues, chansonnettes, costumes et décors, — des objets pour récompenses, loteries, kermesses, etc., — des appareils à projections, vues noires et coloriées, — des albums d'images, livres de prix et de bibliothèques, — des livrets de caisses d'épargne et d'apprentissage, jetons de présence, bons points et insignes, etc.

SERVICES D'ORDRE MORAL

La Commission use de ses relations pour placer et recommander les jeunes gens, les accueillir et les faire agréer dans les œuvres, lorsqu'ils se déplacent pour le service militaire ou pour toute autre cause.

Elle se charge de l'examen des difficultés de fait et de droit relatives aux patronages.

Elle guide dans le choix des pièces de théâtre, livres de bibliothèque, etc.

La Commission tient ses séances ordinaires tous les lundis, à 6 h. 1/2 (les lundis de Pâques et de Pentecôte exceptés), 7, rue Coëtlogon.

Des réunions d'études se tiennent mensuellement pendant l'hiver.

Elle organise chaque année une retraite et deux assemblées générales des directeurs et confrères.

Elle a institué un service de renseignements sur les questions militaires.

L'œuvre fait appel à la bonne volonté de tous pour :

1° Propager son Bulletin et les Suppléments, répandre les brochures spéciales qui se trouvent à son siège.

2° Lui envoyer tous articles de revues, journaux, programmes de séances, comptes rendus, traitant de questions de patronage.

3° Lui signaler les pièces qui ont réussi dans les œuvres; lui offrir les pièces dont ces œuvres pourraient se dessaisir à son profit.

4° Indiquer les méthodes ou règlements nouveaux, l'adresse des œuvres qui se fondent, le nom de leurs directeurs et des prêtres ou laïques désireux d'en entreprendre de nouvelles.

5° La tenir au courant de toute tentative d'organisation de cours du soir, associations mutuelles, patronages, groupements d'adultes, en lui faisant connaître le but poursuivi, le nom et la profession des promoteurs de ces organisations.

6° La Commission reçoit avec reconnaissance tous dons en argent, livres, objets pouvant être donnés en récompenses; elle applique le produit de ces dons à étendre sa propagande, à augmenter les réductions et avantages qu'elle peut accorder à ses correspondants.

La Commission des Patronages, tout en s'efforçant de multiplier les avantages matériels au profit de ses correspondants, est avant tout une œuvre catholique.

AU LECTEUR

Les œuvres de patronage de la jeunesse sous des formes appropriées aux circonstances et aux pays s'imposent partout à l'heure présente. L'éducation religieuse et la piété doivent en être les assises inébranlables, sous peine de voir les plus généreuses tentatives demeurer stériles.

Afin de seconder les efforts de ceux qui les veulent entreprendre, de montrer à tous la voie large qui est ouverte à ces œuvres, et le rôle considérable qu'elles doivent remplir dans l'éducation de la jeunesse ouvrière, nous avons fait appel aux hommes de bonne volonté, et avec l'assentiment du vénéré Cardinal-Archevêque de Paris, nous avons organisé *la journée de congrès* dont nous donnons ici le compte rendu.

Ces travaux sont le fruit de recherches sérieuses, et la réalisation des vœux qui en découlent fait dès maintenant l'objet de nos études.

Nous avons pensé que pour mener à bien semblable tâche, il fallait que la présidence de cette assemblée appartînt à un homme dont l'autorité et la valeur incontestées offrissent à tous, dans les limites des questions posées, une liberté absolue d'opinions et de discussions.

Mgr Péchenard, Vicaire général de Paris et Recteur de l'Institut Catholique, voulut bien accepter cette charge et réunir, à notre demande, les hommes d'œuvres, dans cette Maison où Mgr d'Hulst nous avait de son vivant si gracieusement accueillis.

De nombreux membres du clergé de Paris, des représentants de divers Ordres religieux, des Directeurs, Aumôniers et confrères de patronages, Membres des Conférences de Saint-Vincent-de-Paul, Séminaristes, Élèves des grandes Écoles et Étudiants ont répondu à cet appel. C'est à ces concours dévoués et sympathiques aussi bien qu'à la haute et féconde direction du Président que nous devons le succès de cette journée.

Nous avons tenu d'abord à démasquer la ténacité des partisans de l'école neutre qui, voyant par nos œuvres, retomber sous l'influence du prêtre les adolescents qu'ils avaient voulu arracher àl'Église, s'efforcent de fonder des patronages scolaires par lesquels ils espèrent continuer à exercer leur action néfaste sur une partie de la jeunesse.

Mieux encore que l'école, la paroisse est le centre de groupement des forces catholiques. Il nous a semblé nécessaire de rechercher les liens qui peuvent exister entre le patronage et la paroisse. Nous avons ainsi montré que loin de nuire à l'unité paroissiale, le patronage peut servir à son maintien ou à sa reconstitution, comme nous prouverons que loin d'affaiblir ou de détruire la famille, il est le moyen le plus sûr de la refaire, de la compléter et de la maintenir.

Il n'était pas moins utile d'affirmer que le patronage, complété par ses institutions annexes devient pour la jeunesse ouvrière une maison d'éducation religieuse, professionnelle et sociale.

Tel est dans ses grandes lignes l'aperçu des questions qui ont été soumises à ce Congrès et qui feront l'objet de nos prochaines assemblées.

La Commission des Patronages qui a mis ces sujets à l'étude, saurait, s'il en était besoin, s'effacer pour n'arrêter aucune initiative. Travaillant au maintien des traditions qui font la prospérité des œuvres anciennes, elle ne craint pas cependant d'étudier les entreprises plus jeunes et de faire sortir de la fusion des idées d'hier et de celles d'aujourd'hui des méthodes répondant aux besoins actuels.

N'est-ce pas faire le bien tout entier que de favoriser à la fois l'exposé et la vulgarisation des anciennes méthodes comme des tendances nouvelles?

La Commission des Patronages, soucieuse de son indépendance de vues et d'action, a pour règle de respecter chez les autres cette même indépendance. Aussi se fait-elle volontiers l'auxiliaire de toutes les œuvres sans jamais s'ingérer dans le fonctionnement d'aucune.

Nous cherchons donc avant tout à faire une œuvre de paix et d'union.

En remerciant ceux qui ont bien voulu s'intéresser à la première journée des patronages, nous faisons appel à toutes les bonnes volontés pour la préparation de la seconde journée, qui se tiendra à l'Institut catholique au mois de décembre prochain.

Le Président de la Commission des Patronages,

PIERRE GRIFFATON.

LA

JOURNÉE DES PATRONAGES

COMPTE RENDU

DES RÉUNIONS D'ÉTUDE ET DE TRAVAIL

tenues le 2 juin 1897

Séance préparatoire de Commission

RÉUNION DE 10 HEURES DU MATIN

Le congrès des Patronages s'est ouvert par la célébration de la sainte messe dans la chapelle des Carmes, aux intentions du Pape, de la France et des œuvres de jeunesse, en union de prières avec de nombreux directeurs.

La séance de dix heures du matin, présidée par Mgr Péchenard, assisté de M. l'abbé Guérin, de Châtellerault, du très cher Frère Hyéron, directeur du syndicat des employés de commerce et de l'industrie, et de l'un des vice-présidents de la Commission des Patronages, fut consacrée à la préparation des réunions de l'après-midi.

Le dépôt des rapports ayant été préalablement effectué, dès le début de la séance le secrétaire rappelle l'horaire des exercices et nomme les orateurs inscrits.

Monseigneur remercie particulièrement les membres de la presse de leur concours.

Il pose la question de savoir dans quelle mesure et par quels moyens devront être propagées dans les journaux l'idée des œuvres de patronage et l'indication des meilleures méthodes pour créer ces institutions. Sera-t-il à cet effet nécessaire de créer un centre de propagande et de démasquer les institutions fondées par la Ligue de l'enseignement?

Le procès-verbal des discussions soulevées au cours de cette séance mentionne plus particulièrement les opinions suivantes :

M. Védie. — La Ligue de l'enseignement tendant à instituer des patronages qui sont la contre-partie des nôtres, les journaux catholiques pourraient entretenir plus souvent leurs lecteurs du bien qui s'accomplit dans nos œuvres. Certaines publications indifférentes ou hostiles aux idées religieuses reproduisent les discours de M. Bourgeois en faveur des patronages scolaires. Il serait à désirer que la presse catholique dénonçât le péril qui peut résulter de « la campagne après l'école » entreprise par le comité de cette Ligue.

M, l'abbé Leber engage MM. les rédacteurs à ne parler de nos patronages qu'avec une grande circonspection ; ces œuvres n'en retireraient que peu d'avantages. Les directeurs sont souvent gênés par la publicité ; et l'interprétation donnée à leurs actes dénaturant, même sans le vouloir, leurs intentions, peut engendrer des malentendus et des polémiques stériles. On risque de briser l'initiative de certaines personnes qui ne veulent pas s'exposer à la critique publique. Mieux vaut, d'autre part, agir que quereller sans cesse ceux qui ne pensent pas comme nous.

M. l'abbé Esquerré. — Les journaux ne doivent pas entreprendre une campagne de polémique, mais surtout s'attacher à vulgariser les doctrines enseignées dans nos patronages.

M. l'abbé Guérin. — Ces doctrines sont le plus souvent ignorées en province ; il importe, en effet, de les faire connaître et d'engager les ecclésiastiques à multiplier les œuvres de jeunesse même dans les campagnes.

M. E. Alexandre. — Il ne faut pas s'exagérer l'importance des patronages scolaires. Outre la propagande des doctrines, les journaux, au moyen d'annonces, peuvent rendre aux œuvres un service considérable : au Havre, par exemple, où les RR. Pères Dominicains réunissent les enfants des écoles laïques, ils font par la presse une publicité avantageuse aux représentations théâtrales de leur œuvre.

M. Esquerré signale que nos adversaires n'ont pas une doctrine unique : ils s'imposent comme ligne de conduite de réunir les enfants après l'école pour leur inspirer des idées contraires à la religion.

M. Rondelet. — Le moyen employé par eux consiste principalement à grouper les enfants en associations amicales d'anciens élèves : à peine s'il en existe dans nos écoles catholiques qui manquent même d'un centre pédagogique.

M. Esquerré. — Nos adversaires ont reconnu que l'initiative privée avait échoué et ils ont ramené tous leurs efforts en prenant pour centre d'action l'école : ils y formeront des groupes, « les amicales », par lesquels ils répandront leurs doctrines. La Ligue de l'enseignement est l'âme de cette entreprise : le Cercle parisien en est le pouvoir exécutif.

Mgr Péchenard. — En dehors des grands journaux, serait-il nécessaire de créer une publication spéciale pour l'exposé des doctrines que l'on veut enseigner dans les patronages ?

M. Denais.— A Saint-Ouen (près Paris), nos amis tentèrent de publier un journal comprenant deux parties, dont l'une traitait particulièrement des questions de patronage et l'autre s'efforçait de moraliser la population par la diffusion des saines doctrines.

Les résultats n'ayant pas répondu à notre attente, nous avons fondé un organe s'occupant presque exclusivement des questions intéressant le quartier. Il s'en est suivi immédiatement une augmentation du nombre des présences dans nos œuvres dont nous donnions par le journal de nos amis la physionomie et les nouvelles.

Les grands journaux ne peuvent s'occuper du détail de la vie de nos patronages, il faut pour cela un journal spécial qui serait le bulletin des patronages ; et en attendant, des organes locaux plus ou moins liés à l'œuvre sont le meilleur des auxiliaires.

M. Esquerré. — Ce qui manque, ce n'est pas la publication, mais le centre où l'on se chargerait de la rédiger.

M. Leber. — Le centre d'action et la publication dont vous parlez, existent :

c'est la Commission des Patronages et son Bulletin *Le Patronage*. Il y aurait peut-être lieu de renforcer ce comité, mais pourquoi vouloir créer de nouvelles œuvres à côté d'œuvres anciennes qui répondent au même but ?

M. Esquerré. — Nous n'avons pas un centre d'action analogue à celui de nos adversaires : il faudrait un centre officiel, l'archevêché, par exemple ?

La Commission des Patronages ne me paraît pas répondre à tous les désirs en ce qu'elle n'a pas un caractère suffisamment officiel.

Mgr Péchenard. — Puisque la Commission des Patronages est un centre d'action déjà existant et par conséquent tout indiqué, il resterait à la faire patronner, s'il y a lieu, par l'archevêché.

M. François Kérivan. — Il est à souhaiter que l'autorité diocésaine assure la continuation des patronages paroissiaux en tenant compte, lors de la nomination des curés et des vicaires, des besoins de ces œuvres et de l'aptitude de ceux qui sont appelés à les diriger.

C'est de cette manière qu'à l'évêché peut, sous la direction du promoteur des œuvres diocésaines, par exemple, se constituer un centre de protection pour les œuvres de patronage.

Mais l'existence d'un comité ou centre d'action répondant au mouvement général que nous cherchons à créer en France, n'en est pas moins nécessaire.

Ce centre ne peut être dans un évêché : quels sont en effet les membres du clergé à qui leur situation donne juridiction sur tous les patronages français, lesquels sont dus aux initiatives multiples de congrégations, d'œuvres générales, de prêtres ou de laïques.

Les patronages s'organisent suivant les pays par des moyens très divers.

Si nous voulons créer un centre d'action utile, il faut qu'il repose sur des bases tellement larges, que chacun puisse, tout en étant en relations avec ceux qui y travaillent, maintenir sa pleine liberté, et que la publication qui propagera les doctrines et les méthodes soit facilement accessible à tous.

M. Esquerré. — Sans chercher à imposer des doctrines, il y aurait utilité à en faire prévaloir certaines ; à élucider par exemple la question de savoir si les patronages doivent être des œuvres de préservation ou des œuvres plus vastes d'éducation : c'est pour l'examen de ces doctrines et de pareilles questions qu'un centre ayant les caractères que j'indiquais pourrait être utile.

M. F. Kérivan. — Il faut à coup sûr qu'il y ait un centre connu, d'où un comité jouissant d'une autorité suffisante propagera les vraies notions de patronage tout en laissant chacun maître de sa pensée et de son action. Il me semble que l'Institut catholique répond le mieux au désir que nous exprimons.

Mgr Péchenard. — L'Institut sera un foyer d'action pour les œuvres ; puisque la Comission des Patronages y a son siège, qu'elle-même et son bulletin semblent donner satisfaction à la généralité des œuvres, il paraît inutile de chercher un nouveau centre.

M. de Marolles. — Il me semble en effet que la direction des patronages doit appartenir à l'élément laïque, tandis que la direction spirituelle relève de l'archevêché. Au point de vue de la presse, ne craignons pas la décentralisation ni les initiatives individuelles.

Demeurons en relations avec les rédacteurs des grands journaux afin de propager nos idées dans le public.

M. l'abbé Colson ne connaissait pas à son grand regret le bulletin « Le Patronage » et souhaite qu'on parle de cet organe dans la presse catholique afin qu'il se propage rapidement dans toute la France.

M. Védie. — L'insertion du sommaire de ce bulletin dans les grands journaux serait peut-être un des meilleurs moyens de le faire connaître.

M. P. Michaux. — Comment faire pénétrer nos idées dans les journaux dont l'opinion diffère de nos convictions religieuses ?

M. de Marolles. — Il est indispensable d'avoir des relations suivies avec la presse : il est utile de faire campagne dans les journaux modérés contre les patronages que veut fonder la Ligue et éclairer les catholiques afin qu'ils n'apportent pas, comme il arrive trop souvent, leur concours et leur argent dans ces entreprises.

Mgr Péchenard. — Il faut fortifier la section de la presse dans la Commission des Patronages : cette section en agissant avec mesure pourra faire beaucoup de bien.

M. P. Lerolle estime que si nous écrivons dans des journaux qui ne partagent pas complètement nos convictions et que nous puissions arriver à y faire pénétrer nos idées, il faut que notre concours ne soit que temporaire, limité, et que nous ne parlions qu'avec prudence de nos moyens d'action religieuse.

Mgr Péchenard. — Cherchons à pénétrer dans la rédaction des revues et journaux de nos adversaires, sans leur permettre de répondre par des blasphèmes à nos publications.

La séance est levée après la prière, rendez-vous est fixé à deux heures.

Première Séance générale du Congrès

RÉUNION DE DEUX HEURES

A deux heures, la séance s'ouvre devant une assistance de plus de cent cinquante personnes. Mgr Péchenard préside, assisté de M. l'abbé Frisch, curé de Ménilmontant (Paris); du cher Frère Idelphus; de M. Rollet, directeur du patronage de l'enfance et de l'adolescence; de l'un des vice-présidents de la Commission des Patronages et de deux secrétaires.

Mgr Péchenard, *Président.* — Nous avons constaté, dans la réunion familière de ce matin, que le mouvement catholique des œuvres de jeunesse s'accentuait : il est temps, car le mouvement adverse, presque officiel, de la Ligue, suit une voie bien déterminée : grouper la jeunesse autour de l'école pour lui donner une instruction professionnelle et l'engager, hors de l'Eglise, dans un direction sociale. Pour résister à ces tentatives, il faut que nous apportions à notre action l'esprit de suite et que nous arrêtions une doctrine.

Pour faire connaître cette doctrine, nous avons constaté ce matin l'existence d'un bulletin spécial.

Nous faisons des vœux pour que la Commission qui le rédige soit fortifiée de la confiance et de la coopération de tous les hommes d'œuvres. Nous avons vu la force qu'elle pourrait tirer de la propagande par la presse : il serait bon de demander à la presse, même neutre, au moins la publicité de ce que nous faisons.

Pour arrêter notre doctrine, on est convenu de la nécessité d'un centre de travail. Pourquoi ne serait-ce pas, à l'avenir comme aujourd'hui, cet Institut Catholique, terrain neutre pouvant embrasser toutes les opinions et participant au caractère officiel de l'autorité diocésaine? Il faudrait nous y réunir souvent. *(Applaudissements.)*

Mgr Péchenard donne lecture du télégramme par lequel Sa Sainteté Léon XIII daigne bénir les travaux de la journée. Les assistants se lèvent respectueusement.

Saint-Pierre, Rome, 1er juin.

Saint-Père, souhaitant heureux résultat à l'assemblée qui va se réunir demain sous votre présidence, envoie de grand cœur bénédiction apostolique à tous ceux qui y assisteront.

Cardinal Rampolla.

Je préfère ne pas prononcer de discours d'ouverture; vous vous êtes réunis ici non pour parler, mais pour agir. Plus tôt nous serons à l'œuvre, mieux cela vaudra.

La parole est à M. Jean Lerolle pour donner lecture du rapport de *M. Pierre Griffaton,* président de la Commission des Patronages, sur le mouvement officiel « Après l'école ».

Rapport du Président de la Commission des Patronages

Le but officiel de la nouvelle campagne scolaire inspirée par la Ligue française de l'enseignement, sous la présidence de M. L. Bourgeois, est de compléter l'œuvre des écoles laïques par des institutions de patronages.

Sous l'influence des ligueurs, qui se vantaient hautement d'avoir mené à bien la laïcisation des écoles, Jean Macé, fondateur de la Ligue, voulut, après s'être occupé de l'instruction de l'enfant, couronner son œuvre en la faisant entrer dans une seconde phase : l'éducation de la jeunesse.

Cette notion nouvelle de l'action des ligueurs, il la trouvait plus vivante encore, et sans doute plus précise, dans la pensée de celui qui fut, pendant les dernières années de sa vie, son ami et son conseiller. Depuis longtemps déjà, M. Léon Bourgeois s'était préoccupé de l'éducation de la jeunesse; nous le trouvons dans les comités d'organisation des associations philotechniques et autres du même genre; il prépara avec Jean Macé le nouveau plan de campagne, et ce fut au congrès de Nantes, en 1894, que le vieux philanthrope lança le mot d'ordre : *Après l'école.* Macé mourait quelques mois plus tard, et sur sa tombe, M. Bourgeois, à la tête des ligueurs, résolut d'exécuter le nouveau programme. M. Bourgeois fut élu président de la Ligue, et dès lors nous assistons à une double évolution de cette institution : elle devient nettement antireligieuse et se rapproche de plus en plus du radicalisme et du socialisme.

Peu à peu, les vieux ligueurs qui conservent encore quelque idée libérale abandonnent la Ligue; J. Simon, Spuller, s'écartent de cette institution, et sont remplacés par des hommes politiques à tendances plus anticléricales. Mais cette évolution de la Ligue ne se caractérisa définitivement que sous le ministère radical, au grand banquet du Cercle Parisien, au mois de décembre 1895. Comme le dit fort bien alors M. Léon Bourgeois au début de son discours, le ministère était reconstitué à la table d'honneur. Citons encore parmi les nouveaux venus : MM. Lucipia, Baudin, Guyesse, Rousselle. C'est bien, suivant la parole de J. Macé, la Ligue entrant dans la franc-maçonnerie : « elle est dans le Grand-Orient, comme la fille chez sa mère ».

Cette évolution aboutit rapidement à une déclaration de guerre contre les catholiques, et, tandis qu'aux congrès de Bordeaux et même du Havre, nos œuvres avaient été citées avec quelque éloge, M. Bourgeois nous traitait en adversaires à Rouen, l'an dernier, et proposait de fonder la paroisse laïque.

Depuis lors, sans cesse, dans les discours des ligueurs, l'idée de lutte contre les associations catholiques se fait jour : « Il s'agit, disent-ils, de mener une campagne. »

Une semblable transformation dans les esprits devait avoir sa répercussion dans le programme d'action. Jadis, Jean Macé parlait d'enseignement. Aujourd'hui, Léon Bourgeois ne rêve plus qu'éducation : il ne s'agit plus pour lui de « meubler » les jeunes intelligences; il s'agit de former leur esprit et leur conscience. Vous concevez, Messieurs, quelle différence il y a au point de vue de l'avenir, entre une instruction souvent neutre, quelquefois entachée d'erreur, et cet accaparement de la volonté, qui modifie lentement dans le cœur des jeunes gens la notion du devoir. Vous sentez aussi combien plus dangereuse est l'œuvre orientée vers ce but nouveau ; vous comprendrez encore mieux le danger qui menace la jeunesse ouvrière, lorsque vous saurez qu'au mot d'éducation, M. Bourgeois en ajoute un autre, et que son thème favori est *l'éducation sociale.*

Mais nos adversaires ne s'en tiennent pas à des phrases, et je me reprocherais d'avoir retenu trop longtemps sur elles votre attention, si je n'avais cru absolument nécessaire d'établir d'abord leurs tendances, puis de dévoiler complètement leur but. Comprenant la nécessité de discipliner le corps électoral (dont leurs concessions excitaient toujours davantage les passions, loin de les satisfaire), ils ont reconnu que, pour agir efficacement, il fallait un centre d'action qui devînt un centre de ralliement et d'enrôlement. Ce centre était tout trouvé : ce n'est mystère pour personne que la majorité des instituteurs sont à la dévotion de la Ligue; grâce à ses influences dans les Ministères, elle voit ses vœux aujourd'hui aussi obséquieusement obéis que les mises en demeure ministérielles. Faire de l'école communale le centre de l'action nouvelle, concentrer toutes les initiatives sous la direction de l'instituteur, devenu « éducateur national » : tel fut donc le mot d'ordre de la Ligue, tel surtout a-t-il été formulé au dernier congrès.

C'est la pensée dominante du rapport adressé au ministre de l'instruction publique sur les institutions d'après l'école, par M. Petit. Bien qu'il eût un caractère officiel, ce rapport a servi de base aux travaux de ce dernier Congrès de la Ligue de Rouen — cela d'ailleurs, huit jours avant sa publication au *Journal officiel.* Non seulement M. Petit se complaît à cette idée, mais par la manière dont il présente les faits, il réussit à faire naître, dans l'esprit du lecteur non prévenu, l'illusion que le faisceau rêvé des œuvres scolaires est déjà rassemblé, prêt à être définitivement uni par le même lien : *le patronage scolaire.* C'est en souriant à ce futur, présent dans son imagination comme dans son désir, que M. Petit dépose sa plume. C'est aussi cet enseignement et cet espoir que M. Bourgeois laisse comme viatique aux congressistes de Rouen[1] : « Il est bien juste que nous groupions autour de nos écoles laïques tous ceux à qui nous avons donné l'instruction primaire... Il faut des associations de jeunes gens pris au lendemain de l'école. Les bonnes volontés, les bons citoyens, toutes les hautes influences sociales de l'esprit, de la fortune, de l'éducation, du génie, du talent, doivent se grouper autour de cette jeunesse, qui est la jeunesse de demain. Et puisque nous nous occupons de cette jeunesse, je dirai : Autour de cette jeunesse et *autour de l'école,* groupons tous nos concitoyens!... L'école de notre pensée ne doit pas être seulement cette salle dans laquelle le tout petit enfant vient recevoir l'instruction; elle doit être dans la commune, dans le quartier, le

1. Bulletin de la Ligue de l'Enseignement, oct. 1896, p. 392.

point central où l'on vient encore apprendre tout ce que l'homme a besoin de savoir. L'école doit être, à côté de la mairie, qui est la maison commune des intérêts et des droits, la maison commune des devoirs. »

Ainsi, Messieurs, le texte que le Président de la Ligue laisse à ses collègues comme sujet de méditation jusqu'au congrès prochain, c'est *l'école-paroisse laïque*. Je n'ajoute rien, vous devez être édifiés.

∴

Pour amener et retenir les enfants à la Cure électorale, la Ligue a combiné tout un réseau d'institutions, les unes existant avant elle, les autres résultant de son nouvel effort, toutes en pleine voie d'éclosion, et dont les chiffres extraits du rapport de M. Petit vous montreront les inquiétants progrès. J'entre ici dans une étude assez complexe, assez confuse, et qui n'a pour tout attrait que le charme assez revêche des statistiques. Mais le danger que ces institutions créent à nos œuvres, à notre malheureuse France depuis trop longtemps victime des ingénieuses ambitions des politiciens, ce nouveau péril qui menace l'âme populaire d'une persévérance nouvelle dans l'athéisme et l'immoralité, doit suffire pour nous intéresser puissamment.

Comment donc la Ligue fait-elle, ou plutôt conseille-t-elle de faire, pour ramener à l'école le jeune apprenti qui vient de la quitter?

Ce qui a, paraît-il, été pour l'école — comment dirai-je? — la meilleure réclame, c'est certainement, comme il résulte des statistiques de M. Petit, la *conférence*, surtout la conférence avec projections; aussi en une seule année, quel progrès à la suite du congrès de Bordeaux (1895)! De 10.379 conférences publiques faites, nous dit-on, en France pendant l'année 1894-95, on serait passé en 1895-96 au chiffre vraiment formidable de 61.476 conférences : 47.500 sans projections, 14.000 avec projections. Je ne suis pas absolument certain que M. Petit n'ait pas fait à nos conférences religieuses l'honneur de grossir son total. Cependant nous pourrons nous faire quelque idée de la véritable propagande de la Ligue par le nombre des appareils de projections qu'elle a vendus ou loués : 477 lanternes et 36.000 vues cédées; 380 lanternes, et près de 48.000 vues prêtées qui n'ont cessé de circuler. Deux autres Sociétés qui, sans être aussi nettement antireligieuses, ont du moins un caractère de neutralité suspecte, comptent dans le total des 60.000 conférences, l'une, la Société Havraise de l'enseignement, pour 3.548 collections de 25 vues prêtées (les demandes ont dépassé le quadruple des locations disponibles); — l'autre, la Société des Conférences populaires, pour 399 appareils et 896 collections de 30 vues prêtées, mais surtout pour 22.000 textes de conférences imprimées, complètement rédigées. Sur le sujet de ces conférences, sur la répartition de leur succès et leur influence, vous me permettrez de glisser. Il faut, paraît-il, nous attendre cette année à un essor plus sérieux encore; à ses appareils, à ses collections de vues dont le nombre sera prodigieusement accru, la Ligue joindrait non plus ses conférenciers, dont les déplacements sont coûteux et bons à ménager pour de grandes occasions, mais les textes imprimés de leurs conférences, que toute personne un peu instruite pourra redire aux paysans et aux ouvriers, en leur lieu et place. Je n'insiste pas sur les dangers de cette propagande à outrance : nous sommes d'avance fixés sur son caractère de neutralité et d'impartialité.

Le succès d'attraction des conférences n'a rien qui doive nous surprendre : elles rompent la monotonie des soirées d'hiver, leur multiplicité fait reprendre l'habitude du chemin de l'école, leur intérêt fait oublier les souvenirs pénibles qui s'attachent dans l'esprit de l'enfant aux murs de la première prison. L'apprenti, le jeune ouvrier, le petit gars de la ferme, a remis le pied à l'école, il y a trouvé plaisir; pour le *retenir*, il suffit de donner à sa curiosité un aliment sous forme de bibliothèque ou de lecture publique, à ses besoins immédiats la ressource d'un enseignement supplémentaire, plus spécialement *professionnel*.

Telle a été la simple et rationnelle tactique de la Ligue : intelligemment exécutée, elle a réussi. Les cours d'adultes, qu'un programme trop strictement uniforme avait dépouillés de leur caractère utile et fait peu à peu tomber en désuétude, revivent et prospèrent, avec la sage liberté laissée aux instituteurs par la Ligue. C'est ce que tendent à prouver les chiffres suivants : dans le courant de l'année 1895-96, le nombre de cours d'adultes — disons comme la Ligue, d'adolescents — a *doublé* : remarquez bien, je dis *doublé*; il est passé de 7322 à 13.920, et encore M. Petit ne compte pas dans ce total les cours dirigés par les vieilles Sociétés d'instruction populaire, au moins laïques, qui maintiennent leurs positions : la Polytechnique, la Philotechnique, etc. A ces cours, qui se sont répétés environ trois fois la semaine pendant les mois d'hiver, environ 400.000 inscrits, et une moyenne de 270.000 présences. Cette disproportion ne doit pas nous étonner : nous avons aussi à la regretter dans nos œuvres. Au contraire, nous pouvons admirer sans réserve ce mouvement si prompt et si unanime qui a amené 270.000 jeunes gens à s'imposer, après le dur labeur physique de la journée, une pénible veillée d'efforts intellectuels dans le seul but de s'instruire. On nous dit que c'est la première lueur d'un embrasement plus grandiose encore, c'est peut-être simplement le dernier effort du feu qui s'éteint; n'importe, il a frappé si juste que l'incendie se peut rallumer.

L'enseignement professionnel, répondant aux besoins de l'industrie locale, le seul qui puisse vraiment intéresser ces jeunes esprits, est l'objet principal de ces cours et est abordé par ses côtés les plus pratiques : la Ligue, dans son Bulletin, y revient à chaque instant. Vous connaissez trop bien le jeune apprenti, ouvrier ou fermier, pour ne pas vous rendre compte que son travail quotidien est l'objet de sa préoccupation constante; c'est la seule chose qu'il voudra approfondir, et, pour elle, il reviendra à l'école ; il n'empruntera à la bibliothèque scolaire que des livres qui l'intéressent à cet égard et suivra des conférences pour s'instruire. C'est ainsi que, sans la charité chrétienne, nos adversaires ont réussi à constituer un grand mouvement.

Quant aux bibliothèques, la Ligue a obtenu pour elles d'assez fortes subventions budgétaires : 197.000 francs cette année. En outre, elle s'efforce de vulgariser ce que l'on appelle le « sou des écoles »; fondé par M. Minet, inspecteur d'académie, en 1882, cet embryon de mutualité a acheté, avec le sou hebdomadaire, économisé par les jeunes écoliers, pour plus de 50.000 francs de livres. Néanmoins, de ce côté, beaucoup reste à faire, et il y a pour nous un enseignement plutôt qu'un sujet de crainte. Quand comprendrons-nous la force de l'association?

Les lectures publiques ont été quelque peu entravées par la pauvreté des bibliothèques scolaires populaires...; elles auraient eu, paraît-il, sans cela, un réel succès. On semble avoir lu déjà beaucoup : des poésies « patriotiques », des morceaux d'histoire « bien choisis », l'actualité dans le journal, même local. Pour être complet, ajoutons que la Société des Conférences populaires, dans le but de développer l'usage des lectures publiques, a créé un service de bibliothèque roulante qui aurait permis de faire circuler 9972 poésies, pièces, romans, livres de lecture.

∴

J'ai hâte d'arriver à d'autres institutions, celles-là combien plus dangereuses! car dans la pensée des ligueurs, elles embrigadent définitivement le jeune homme.

La curiosité satisfaite, l'appât des avantages pratiques qui complètent l'instruction professionnelle et facilitent les travaux du jeune ouvrier, suffisent à le retenir à l'école; la Ligue veut davantage : elle veut l'y attacher. Elle a compris que chacun s'intéresse à l'œuvre à laquelle il contribue de ses deniers, et, quitte à faire quelques accrocs à l'indestructible trilogie, elle a cherché à intéresser les enfants à l'école. C'est de cette pensée que sont nés le sou des bibliothèques, les cours d'adolescents payants, mais surtout les œuvres de solidarité, les associations amicales des anciens élèves de l'école, et en premier lieu la mutualité scolaire.

C'est bien peu de chose, et cependant qu'elle est puissante, cette mutualité scolaire, et que n'avons-nous à redouter de sa part! Deux sous par semaine versés de la poche de l'enfant dans la caisse de la mutualité, l'un pour lui constituer son livret de la caisse des retraites, l'autre pour subvenir aux besoins de ses petits camarades malades : voilà qui l'attachera plus à l'école que toute autre chose. En même temps que sa raison, qui y verra son intérêt, son cœur, resté bon malgré tout, heureux et fier du bien fait par lui à plus malheureux que lui, le retiendra à la mutuelle; et, embrigadé dans le réseau immense de cette œuvre, quoi qu'il veuille et quoi que l'on fasse, il n'échappera guère aux influences de ceux qui l'entourent. Et cette mutualité se développe rapidement; le groupement des écoles par canton et par arrondissement, tel que l'a proposé la Ligue, facilitera beaucoup ses progrès. Il est difficile de donner des chiffres précis, leur relevé officiel n'ayant pas été dressé, mais nous ne croyons pas exagérer en disant qu'il y a déjà 1.000.000 de petits mutualistes. On ne saurait imaginer la force vitale de cette œuvre, dont les bases sont si infimes. Depuis 1881, M. Carré, le fondateur des mutualités, dans le seul dix-neuvième arrondissement de Paris, qui a été pendant longtemps le champ d'expérience et l'unique spécimen, a réalisé 167.000 francs d'économies; il a distribué 2600 carnets de retraite, a payé 70.279 francs à 2737 enfants malades, et a pourvu aux funérailles de 113 enfants. Inutile d'ajouter que nos adversaires se préoccupent vivement de grossir ces diverses mutualités et de les relier aux mutualités d'hommes, dont ils espèrent s'emparer définitivement.

Songez, Messieurs, quelle forte machine électorale la mutualité peut devenir entre leurs mains habiles. Vous me direz que donner deux sous par semaine ne rend pas radical, mais les donner sous un patronage radical, dans un milieu athée, respirer cette atmosphère de solidarité verbeuse que les mots seuls séparent du collectivisme, il y a là de quoi rendre à la longue socialistes les plus réactionnaires, et on est en droit de se demander si ces pauvres enfants, embrigadés dans ces mutualités avant l'âge de raison, sauront puiser en eux-mêmes l'indépendance nécessaire pour discuter les opinions toutes faites que le conférencier ou l'instituteur lui infuseront au cours du soir.

Les autres groupements, les amicales d'anciens élèves, ne présentent d'autres avantages à nos adversaires, d'autres dangers pour nous, que d'être comme un stage forcé, un piétinement inoffensif dans l'attente des fonds qui permettront de constituer le patronage type. Néanmoins, leur nombre surtout leurs progrès, doivent nous donner à penser. Il est né 450 de ces amicales l'année dernière, portant le chiffre total à 622, dont les adhérents paient une cotisation annuelle de 2 à 5 francs. La Ligue a tenté de mettre la main sur différentes sociétés de jeunes gens, leur vantant les avantages du groupement cantonal, de l'union, de la soumission à une même direction. Mais elle y attache une médiocre importance; pour elle, je le répète, ce sont des pis-aller qu'elle souhaite voir s'évanouir devant le patronage démocratique dont la conception est sans doute encore un peu floue, dont la constitution n'est pas encore bien arrêtée, même dans ses grandes lignes, mais que tous prévoient et annoncent devoir être le chef-d'œuvre de la Ligue française de l'Enseignement.

Au congrès de Rouen on ne hasarde pas encore de définition; on se contente de sonder le terrain. On se demande même si on ne doit pas séparer la cause du patronage de celle de l'école; il semble là-dessus que les opinions soient partagées : les politiques veulent conserver l'unité d'influence de l'instituteur, les philanthropes hésitent. Les démocrates — c'est M. Jacquin, conseiller d'Etat, secrétaire général de la grande Chancellerie de la Légion d'honneur, qui se fait l'écho de leur vœu — rêvent une sorte de petit paradis où nulle autorité ne s'exerce en dehors de celle de la majorité, et sur cette majorité, un citoyen, qui ne sera pas le maître, puisque tous sont égaux, ni non plus, par conséquent, le premier, ni le patron, ni le président, ni un directeur, mais sera... c'est très difficile à exprimer, vous comprenez... quelque chose peut-être comme le plus vieux, n'aura de droit que la persuasion, la persuasion par insinuation : agir autrement serait guider les votes, et le vote d'un jeune citoyen libre doit émaner de sa *seule volonté*; alors, ce sera le règne de la démocratie, de l'ordre, de la paix sociale, de la solidarité, de l'amour, de la liberté, de la morale civique et de quelques autres choses encore. Cependant, sous toutes ces phrases ronflantes, l'idée de ce que peut et doit être le patronage se fait jour lentement. En gros, ce sera l'œuvre de la défense morale et matérielle de l'adolescence; ce serait peut-être exagéré de ne vouloir reconnaître chez les ligueurs aucun souci de l'amélioration morale du peuple. Quand ils en parlent, on croirait entendre nos prédicateurs, mais on est promptement fixé, car peu après une belle période indignée sur l'immoralité de la rue et les dangers qu'y court une jeune âme, ils reconnaissent qu'il serait aussi très bon de la soustraire à l'influence démoralisante du patronage clérical et de l'esprit aristocratique[1].

D'ailleurs, M. Bourgeois cherche à se montrer très conciliant : tout sera très bien... pourvu que l'on retienne les enfants à ses côtés et qu'on sache les soustraire à l'ingérence du clergé. La réalité est moins joyeuse que cette philanthropie enfarinée. Nos adversaires comptent environ 403 patronages; Paris possède 85 associations de patronage, mais 34 seulement peuvent être rangés sous la rubrique spéciale : « patronage démocratique »; 17 sont en formation depuis l'année dernière. Ces gros chiffres comprennent, il est vrai, un grand nombre de patronages féminins; n'importe, le mouvement est puissant : tout cela a germé en une seule année.

Si vous désirez, Messieurs, étudier de près la structure de ces institutions, permettez-moi de vous renvoyer à un article paru sous la signature de M. Beurdeley, dans le numéro de mars 1896 de la *Revue pédagogique*. En attendant d'avoir trouvé la formule décisive qui définisse le patronage modèle, la Ligue se contente d'ôter aux jeunes gens tout prétexte à fréquenter nos œuvres, en leur offrant auprès de l'école l'équivalent matériel et un peu plus, car ils sont plus riches, de ce qu'ils trouvent au patronage.

Nous croyons volontiers que les patronages de la Ligue, en tant qu'œuvre maçonnique, auront, avant de prospérer, de sérieuses difficultés à vaincre et, surtout dans nos grandes villes, ne porteront pas un préjudice considérable aux patronages catholiques. Les associations antireligieuses, n'ayant pas de type bien défini et, pour tout dire, manquant de base, puisqu'elles ne cherchent pas dans la religion un fondement essentiel, ne nous paraissent pas, au moins quant à présent, douées d'une vitalité puissante, mais il n'est pas douteux pour nous (et plusieurs Curés et Vicaires de Paris sont là pour l'attester) qu'ils ne parviennent à nous susciter des difficultés pour le recrutement et l'extension de nos œuvres. Pour obtenir la présence des enfants dans ces patronages scolaires, il n'est pas de procédés qu'on n'emploie dès à présent. Dans certaines écoles, nous avons ouï dire qu'on refusait des gratifications et même des prix à ceux qui fréquentaient des œuvres catholiques. Ailleurs, on prive nos adhérents de la collation ou de la fréquentation des classes de garde, et on parvient ainsi à terroriser les familles.

Mais s'il est à peu près certain que, pour les patronages, la Ligue s'est résignée cette année à assurer les positions conquises, n'ayant pas encore arrêté définitivement son idéal, il n'en résulte pas moins de l'ensemble du

1. Discours de M. Jacquin.

congrès que c'est le point capital aux yeux de tous les ligueurs; ils le considèrent comme le couronnement de leur œuvre et vont lui consacrer tous leurs soins.

∴

Telle est, à l'heure actuelle, la situation de la Ligue. Pour donner aux chiffres et faits cités leur éloquente signification, il faut se rappeler que tout cela est l'œuvre d'une année. Par suite de son évolution politique qui a porté la Ligue vers le radicalisme et le socialisme, ces messieurs rêvent d'ajouter un dernier fleuron à la couronne qu'ils veulent déposer sur le front du peuple roi. Ils ont déjà remplacé l'instruction, que donnaient les vieux ligueurs, par l'éducation; aujourd'hui ils ne parlent de rien moins que de constituer une formation sociale.

M. L. Bourgeois, dans une conférence qu'il faisait le 10 avril à Vitry-le-François, disait en propres termes : « Notre but, c'est de former la raison et la conscience de l'enfant », et ailleurs il déclare que l'éducation sociale est le but final de la Ligue. Jusqu'à ce jour les ligueurs n'ont pas encore défini, que nous sachions, ni dans leurs discours, ni dans leurs revues, quelle est cette formation sociale qu'ils veulent donner à la jeunesse. M. Léon Bourgeois eût été sans doute très gêné de parler d'une théorie de l'organisation de la société, et ses amis les socialistes ne lui auraient pas pardonné les quelques gages qu'il aurait dû accorder sans doute aux radicaux et aux progressistes. Aussi, tous les bons apôtres de l'éducation sociale se noient-ils dans les mots de solidarité, d'amour, de fraternité. Mais déjà ils mettent en œuvre des procédés bien plus dangereux que des formules et fondent des cercles d'études sociales. Il en existe une centaine, recrutés tant parmi les associations d'anciens élèves des écoles laïques que parmi les enfants des patronages scolaires. Dans leurs conférences, ils étudient les questions sociales. Il semble que ces premiers essais n'aient pas donné tous les résultats attendus, aussi insistent-ils sur la nécessité de faire des cours de sociologie, et je vous laisse à penser, Messieurs, quelle est la doctrine de l'organisation de la société qui va être professée au nom d'une Ligue qui compte dans son comité MM. Bourgeois, Guyesse et Baudin.

Mais, Messieurs, je ne crains pas de le dire, s'ils se bornaient à cet enseignement social, nos adversaires seraient peu redoutables; où le danger existe, c'est dans l'organisation de ces mutualités, de ces sociétés de secours mutuels, qui entraînent la jeunesse vers les syndicats et lui ouvrent pour ainsi dire la porte de ces grandes formations sociales; car ces jeunes gens appartiennent à la classe ouvrière, et, à moins que nous ne les accueillions dans des syndicats catholiques, ils iront renforcer les syndicats socialistes. Tout cela est tellement le plan de la Ligue, que jamais ni le président, ni les membres influents, dans leurs discours, n'ont parlé du socialisme et de ses dangers. Du reste, une jeunesse embrigadée en dehors de toute idée religieuse, écartée systématiquement du respect des traditions, aux yeux de laquelle tout est chaque jour remis en cause sans que rien soit approfondi, évoluera fatalement vers le socialisme.

Ce vaste mouvement que nous venons d'étudier devant vous, Messieurs, est inspiré par ces tendances antireligieuses, dont nous vous avons montré la genèse au début de ce rapport. Il s'incarne dans des procédés multiples que l'on peut, comme le dit le programme de nos travaux, ramener aux trois rubriques suivantes :

1° Donner à ces nombreuses institutions un centre : l'école officielle.

2° Rendre service pour attirer par l'intérêt immédiat. C'est l'enseignement professionnel.

3° Sous prétexte d'étudier les questions sociales qui passionnent si vivement aujourd'hui le monde ouvrier, insinuer une théorie sociale qui devient dans la circonstance la base de groupements d'adultes, c'est-à-dire d'électeurs ; fonder, en un mot, un parti.

C'est un devoir pour nous de combattre ces tendances. Cette lutte contre les tendances de la Ligue de l'Enseignement ne doit pas, à notre avis, être entreprise à la légère, et ce serait reprendre un système qui a déjà donné bien des désillusions aux catholiques, que de se jeter dans la mêlée sans discipline ni plan de campagne et de frapper à tort et à travers. Tout n'est pas en effet à attaquer avec la même violence dans les œuvres de la Ligue, et si les tendances en sont sectaires, les moyens habiles employés par elle conservent encore parfois je ne sais quelle neutralité contre laquelle nos armes viendraient s'émousser, au plus grand avantage de nos adversaires. Suivant les régions et les villes, suivant l'esprit qui anime les instituteurs et les conférenciers, le mouvement d'après l'école affecte une physionomie différente, et il ne nous est pas démontré qu'ici ou là il ne vaudrait pas mieux l'absorber que le combattre systématiquement. Enfin, en déclarant ouvertement la guerre dans la presse, les assemblées publiques, et même peut-être en opposant l'action du Curé à celle de l'Instituteur sur le même terrain, nous risquerions de susciter des représailles qui pourraient tourner au désavantage de nos œuvres.

Vous voyez, Messieurs, combien est complexe cette question, combien elle demande d'études et de ménagements, combien il est nécessaire que tous ceux qui se préoccupent de l'avenir de la jeunesse s'efforcent de se rendre compte, autour d'eux, de l'influence et des résultats de l'œuvre maçonnique.

Alors seulement, synthétisant tous ces renseignements, pourrons-nous, dans une réunion ultérieure, vous demander d'apporter votre concours à l'œuvre générale et de prendre une décision définitive en formulant un programme d'action. En un mot, il nous a semblé que la question, si urgente qu'elle fût, ne pourrait être encore considérée comme absolument mûre, et c'est pour cela qu'aujourd'hui, après nous être efforcés de retracer ici les grandes lignes du mouvement « d'après l'école » et de faire connaître à tous les dangers nouveaux que courait en France la cause religieuse, nous avons pensé qu'il était préférable de ne pas susciter prématurément une discussion sur la ligne de conduite générale à tenir à l'égard de nos adversaires.

Mais, direz-vous, déjà la Ligue est puissante, déjà son influence s'est fait sentir de toute part, déjà l'ennemi est à la porte : est-ce le moment de se recueillir et d'attendre? — Non, Messieurs. — Nous possédons nous aussi des œuvres puissantes, solidement établies, nous pouvons avec avantage les faire servir à nos projets. N'est-ce pas du reste faire de bonne logique que d'appuyer ses efforts sur une base solide? C'est dans ce but, Messieurs, que vous êtes réunis aujourd'hui; c'est dans ce but qu'a été tracé le programme de cette journée d'étude; c'est dans ce sens également que vous seront présentés les trois rapports que vous allez entendre. Ces trois rapports seront suivis de discussions. La Commission des Patronages, en organisant les travaux préparatoires de cette assemblée, s'est efforcée de grouper ici tous ceux qui s'intéressent à un titre et sous une forme quelconque à l'éducation de la jeunesse ouvrière.

Elle a réservé à chacun sa pleine et entière liberté de parole et d'action. Nous avons trouvé l'hospitalité la plus large, la plus bienveillante, dans cet Institut Catholique, qui a déjà formé tant d'hommes d'œuvres, et devient non seulement un centre d'instruction, mais aussi une grande école de dévouement et d'action. (*Applaudissements.*)

Qui donc, Messieurs, pouvait également mieux présider cette journée de travail que le Recteur de cet Institut? Vous vous souvenez sans doute de ces belles assises ecclésiastiques tenues l'an dernier à Reims et dont Mgr Péchenard fut le président et l'âme; il a bien voulu nous donner une preuve de son affection en dirigeant nos réunions.

Qu'il nous soit permis, Messieurs, de le remercier au nom de tous ceux qui veulent que la France demeure une nation chrétienne; qu'il me soit permis enfin de songer en ce moment à toute cette jeunesse du peuple à laquelle nous voulons continuer à nous dévouer et pour la défense des intérêts de laquelle nous sommes réunis ici.

Je n'hésite pas à me faire votre interprète et à remercier aussi, au nom de tous les enfants et jeunes gens des patronages de France, Mgr Péchenard, Recteur de l'Institut Catholique et Président de la Journée des Patronages.

(Les dernières paroles de ce rapport sont plus particulièrement saluées par de vifs applaudissements.)

Mgr Péchenard — Ce rapport si clair et convaincant jette de sinistres lueurs sur les agissements de nos adversaires. Je ne crois pas qu'il y ait à ouvrir à ce sujet une discussion, car, hélas! ce sont des faits. (*Assentiment.*)

Je cède donc la parole à M. l'abbé Boyreau, pour donner lecture de son travail sur les relations à établir entre les œuvres de jeunesse et la paroisse.

M. l'abbé Boyreau. — Messieurs, mon rapport sera court. Je veux simplement provoquer un échange de vues, meilleur certainement que mon pauvre travail personnel. Aussi je vais chercher surtout à poser les bases de la discussion, je veux me borner à préciser les questions et je vous demanderai d'y répondre vous-mêmes.

Mgr Péchenard. — Très bien!

Rapport de M. l'abbé Boyreau,

DIRECTEUR DES ŒUVRES DE NOTRE-DAME DU ROSAIRE A PARIS

Il résulte, du rapport de M. Griffaton, que les adversaires du christianisme ont un plan de campagne intelligemment conçu et qu'ils mettent au service de la libre-pensée une organisation puissante, un esprit de suite, une persévérance que nous pourrions peut-être leur envier.

Faut-il se décourager, se lamenter et se croiser les bras, en déclarant qu'il n'y a rien à faire? Ce n'est pas votre avis, n'est-ce pas, Messieurs? Nous sommes tous ici des hommes d'action, et nous estimons notre temps trop précieux pour le perdre à gémir sur les malheurs des temps. Je ne suis pas bien sûr d'ailleurs que nos temps soient plus malheureux que d'autres. La lutte du bien et du mal a persisté sous des formes diverses à travers les âges depuis le péché originel. Nos pères du siècle dernier ont eu à lutter contre le jansénisme et le gallicanisme, contre des abus de toutes sortes; ils ont eu à surmonter des difficultés qui, pour être différentes, n'ont pas été moindres que les nôtres.

Donc, un bon *sursum corda;* que notre courage se hausse avec les difficultés. Allons au combat d'un cœur viril.

D'ailleurs, y a-t-il lieu de se décourager? Si nous comparons nos forces à celles de nos adversaires, nous trouvons qu'aux 25.000 francs-maçons qui veulent déchristianiser la France, nous pouvons opposer une véritable armée de 40.000 prêtres et de 20.000 religieux, un chiffre considérable de religieuses, d'hommes d'œuvres et de femmes chrétiennes dont le dévouement et l'abnégation sont au-dessus de tout éloge. *(Applaudissements.)*

Nous disposons en outre de ressources matérielles considérables.

Et puis, si les fils des ténèbres ont pour eux l'habileté, nous avons Notre-Seigneur. Il combat avec nous, qui sommes ses soldats. Comme Jeanne d'Arc, nous bataillerons, et Dieu nous donnera la victoire. *(Vifs applaudissements.)*

Que nous manque-t-il pour vaincre? Quelles mesures prendre pour opposer aux défenseurs de l'athéisme une résistance victorieuse, particulièrement dans la lutte qui a pour enjeu les âmes de la jeunesse de France? Je ne compte pas ici conclure d'aucune façon, mais poser de simples questions. A vous, Messieurs, de nous donner les solutions.

Et d'abord, devant l'organisation de nos adversaires, qui veulent faire de l'école la paroisse laïque le centre de toutes leurs œuvres, ne serait-il pas bon pour nous aussi de donner un centre à nos œuvres?

La dispersion dans les efforts n'est-elle pas un danger? Ne serait-il pas utile qu'une même impulsion vienne assurer la marche de l'évangélisation? Si nous admettons, comme nos adversaires, la nécessité d'un centre, la paroisse semble indiquée pour en tenir le rôle, et le curé et ses vicaires comme les directeurs naturels des œuvres. Dans la paroisse, ils sont les représentants de la hiérarchie de l'Eglise. Le ministère paroissial participe directement de la vie de l'Eglise. Il présente plus de moyens, il fournit plus d'occasions que tout autre de procurer le bien des âmes. Il atteint les fidèles à tous les âges et dans toutes les conditions; l'enfant qui vient à nos patronages a été baptisé, sera marié par le curé ou le vicaire, il fera sa première communion et recevra les derniers sacrements de la main de ses pasteurs. Quand il sera père de famille, ce n'est plus au patronage, mais à la paroisse qu'il puisera la vie chrétienne.

Certains esprits pensent que la paroisse doit rester le centre de la vie chrétienne, que c'est par elle, par elle seule, par ses œuvres, qu'on pourra ranimer la foi dans la masse du peuple, que tout ce qui n'émane pas d'elle ou ne ramène pas à elle peut avoir d'excellents résultats, mais que ces résultats sont secondaires, individuels ou passagers.

L'enfant qui n'a été pendant sa jeunesse que dans une chapelle de patronage sera dépaysé plus tard dans sa paroisse. Il ne participera qu'indirectement à la vie de l'Eglise. Il connaîtra peu la liturgie et il aura une certaine défiance vis-à-vis de ceux auxquels l'Eglise a confié spécialement la charge de son âme, parce qu'il ne les aura pas approchés dans sa jeunesse. Enfin, et ceci est plus grave, il sera étranger aux autres efforts tentés dans la paroisse. Il n'aura pas au même degré la formation civique, religieuse et sociale nécessaire actuellement pour former un chrétien complet. On forme un petit patronné, un bon jeune homme; a-t-on un catholique fervent, un apôtre militant ? *(Applaudissements.)*

On fait à cette théorie de nombreuses objections. — L'autonomie d'une œuvre est nécessaire, dit-on, à son développement. — La subordination à la paroisse gênerait souvent l'esprit d'initiative du directeur, qui a besoin d'indépendance pour agir. — Nos œuvres de jeunesse, si elles se rattachaient directement à la paroisse, prendraient un caractère administratif qui ne leur convient pas. — Quelquefois ni le curé ni ses vicaires ne comprennent la nécessité de ces œuvres et les entravent par la méconnaissance de leurs besoins. S'ils sont en état de les diriger, le temps leur fait défaut. N'est-ce pas le dimanche, le jour de réunion le plus important dans les patronages que le clergé paroissial est le plus absorbé ?

Enfin, nos enfants trouveront-ils dans la paroisse, aux offices communs, des places où ils puissent éviter la dissipation, où la surveillance soit facile, où offices et sermons soint appropriés à leurs besoins ? La vie de l'œuvre ne gênera-t-elle pas la vie paroissiale, et réciproquement, et, dans ce cas, ne vaut-il pas mieux que nos patronages aient leur administration, leurs chapelles, leurs aumôniers distincts du clergé paroissial ?

Comme je l'ai dit au commencement, je ne compte pas donner de solutions.

Je me contenterai de poser les questions suivantes auxquelles doit répondre la discussion qui va suivre.

1° Faut-il établir un centre pour les œuvres de jeunesse, et ce centre doit-il être la paroisse ?

2° Quelles relations doivent avoir les patronages libres avec la paroisse ?

3° Comment organiser et constituer des patronages nettement paroissiaux ?

Mgr Péchenard. — Nous avons reconnu ce matin la nécessité de formuler un corps de doctrines. Cet intéressant rapport pose les bases de la discussion d'un premier point. Pour plus de clarté nous chercherons séparément la solution à donner à chacune de ces trois questions.

1o Faut-il établir un centre pour les œuvres de jeunesse, et ce centre doit-il être la paroisse? Vous savez qu'il y a trois sortes de patronages : les uns sont dus à une initiative privée, d'autres ont été fondés par des Congrégations, d'autres enfin sont paroissiaux. Entre ces œuvres, jusqu'ici il n'y a pas eu d'union. Nous avons résolu d'arrêter et de conseiller aujourd'hui des tendances communes. Qui parmi vous veut prendre la parole pour en proposer? Je vois M. le curé Soulange-Bodin, qui a formé à Plaisance une véritable cité paroissiale. Veut-il nous dire son opinion?

M. l'abbé Soulange-Bodin. — Il ne faut pas être absolu. J'ai fait des expériences. Je ne sais pas encore à quoi je m'arrêterai; au Rosaire, il y a une chapelle de quartier, presque une petite paroisse; c'est là que vont les enfants du patronage. C'est le centre de la vie religieuse du quartier. Il n'y a pas de centre religieux particulier au patronage. Dans la paroisse idéale à laquelle je pense, je formerai tout un groupe d'œuvres autour de l'église paroissiale, de manière que l'enfant connaisse la paroisse, tout en ayant la vie à part, proportionnée à ses besoins et à ses moyens. Mais je le répète, je ne suis pas encore fixé.

M. l'abbé Guérin. — La question posée est complexe et n'est peut-être pas encore mûre. Il est désirable sans doute que la paroisse soit le centre des œuvres. Ce que nous cherchons, ce sont des liens plus étroits entre les œuvres et la paroisse. Comme le disait M. l'abbé Soulange, il ne faut pas être absolu : il est même très difficile d'esquisser une doctrine complète sur pareil sujet. Il y a au moins trois catégories à envisager : d'abord, les grandes paroisses urbaines comprenant de 30 à 50.000 âmes; dans celles-ci, il me semble possible d'avoir un patronage libre ou paroissial; — les petites villes n'ayant qu'une paroisse de 10 à 15.000 habitants; dans celles-là, le patronage peut être paroissial, le contraire serait même difficile; — enfin, les villes comprenant plusieurs paroisses de 3 à 5.000 âmes: le patronage, pour vivre, doit réunir les enfants de toutes paroisses. Dans ce cas, il est difficile qu'il soit paroissial. J'habite une ville de 3 paroisses (Châtellerault) ayant chacune de 5 à 9.000 âmes. Nous avons un patronage libre, entretenant de bons rapports avec chaque paroisse.

M. le Président. — Admettez-vous, M. l'abbé, que dans les paroisses de votre première catégorie le patronage soit indépendant de la paroisse?

M. l'abbé Guérin. — Non, Monseigneur. Qu'il ait une grande autonomie, oui; mais non une complète indépendance.

M. le Président. — Ainsi, aucun patronage ne doit se passer de rapports avec sa paroisse. Il doit y avoir une réciprocité de participation aux cérémonies. Nous verrons à la déterminer tout à l'heure.

M. l'abbé Guérin. — Oui, Monseigneur, il ne peut, ce me semble, y avoir de patronage sans rapports avec sa paroisse. Nous avons besoin de concentrer notre action. La paroisse est un centre naturel : cependant il faut respecter l'initiative privée.

M. le docteur P. Michaux. — A la question de savoir si l'on doit créer des patronages libres ou paroissiaux, et de déterminer dans quelle proportion ils doivent avoir des rapports avec la paroisse, l'expérience a déjà répondu dans une certaine mesure : l'enquête à laquelle s'est livrée la Commission des Patronages et les résultats acquis dans les patronages de Saint-Vincent-de-Paul et les Œuvres les plus anciennes, est de nature à nous éclairer. Faisons abstraction des œuvres dirigées par les chers Frères pour assurer la persévérance de leurs élèves : combien y a-t-il de patronages libres, indépendants et de patronages paroissiaux? La Commission des Patronages n'a pas encore terminé sa statistique. Néanmoins, sur 1200 patronages avec qui elle est en rapport, les patronages paroissiaux sont en immense majorité; il n'y a pas 300 patronages indépendants. Cependant, ce sont ceux-ci les plus anciens et ce sont eux qui ont donné le signal du mouvement. C'est l'expérience des Timon-David, des Allemand, des Leprévost et de leurs confrères qui a fait le *Patronage catholique* ce qu'il est aujourd'hui. Il y a bien peu à changer, à mon avis, aux règles qu'ils ont établies. Là, seulement, il faut chercher les principes fondamentaux de la préservation des enfants. Ces œuvres établies pour la plupart dans les grandes villes ont été fondées sans le secours des paroisses; elles ont conservé la foi à bien des enfants que la paroisse n'atteignait pas ou n'aurait pas su garder. Il faut les conserver comme types. D'autre part, lorsqu'un prêtre veut s'intéresser aux œuvres de jeunesse, où trouver groupement meilleur et plus naturel que la paroisse? Mais faut-il se résigner à créer des œuvres strictement paroissiales? Non. Il y a une quantité de distinctions possibles. Cela dépend du curé, des vicaires, de leurs aptitudes, de l'étendue de la paroisse, de sa configuration territoriale, de la population, du recrutement des confrères. En résumé, vouloir une voie unique bien réglementée serait une lourde faute. L'indépendance, la liberté, voilà ce qui fait vivre les œuvres. Il faut avoir des idées larges, avec des principes très sûrs; la formule qui attire toute les bonnes volontés, c'est celle-là, la plus large et la meilleure. C'est celle que s'est imposée toujours la Commission des Patronages. *(Applaudissements.)*

M. François Kérivan. — On doit en effet conserver leur autonomie complète aux œuvres libres, mais ce n'est pas parce qu'elles sont les premières et les plus anciennes qu'elles sont parfaites. Il y a vingt ans, il n'y avait pas un patronage paroissial. Les œuvres libres avaient le monopole. Mais si nous faisons leur examen de conscience, et nous sommes ici pour le faire, nous voyons que l'absence de relations avec la paroisse a été pour les patronages libres une cause d'infériorité. Un patronage, une de nos grandes et vieilles œuvres parisiennes, par exemple, a conservé 50 jeunes gens réunis à l'œuvre. 40 apprentis y entrent annuellement en moyenne après la première communion, cela fait 2000 enfants qui ont passé par l'œuvre en 50 ans. Donc, 1950 lui ont échappé et n'ont été nulle part. Il faut donc bien que la paroisse soit unie au patronage pour recueillir ceux qui se sont échappés du patronage trop étroit. Car il faut bien nous dire que nous ne régénérerons pas la France au compte de 50 persévérances en 50 ans. Vous pouvez lire à ce sujet un article publié par l'*Echo de saint François*, de Bourges : « Les autres! », ceux que nous ne conservons pas, qui nous abandonnent et qui ne vont pas à la paroisse, qui sont perdus pour nous, sinon comme amis, du moins comme chrétiens. Vous savez tous combien on en rencontre dans les rues, de ces apprentis sortis de nos œuvres, qui sont devenus sinon hostiles, au moins indifférents.

Il faut que la paroisse vienne prendre les échappés, qu'elle soit là pour les recueillir. Pour tirer de nos œuvres le meilleur parti, il faut que la paroisse se plie, comme le patronage, aux exigences des temps actuels. M. l'abbé Soulange a ouvert à Plaisance une salle paroissiale qui est le rendez-vous de tous les jeunes gens sortis du patronage et de ceux qu'ils y veulent amener. C'est comme cela qu'on devrait faire partout. *(Applaudissements.)*

M. le docteur Michaux. — Vous savez tous que la persévérance est très difficile à obtenir. Serait-elle facilitée par l'union avec la paroisse? Il est permis d'en douter. En tout cas, il est une persévérance que ces patronages libres si attaqués ont assurée : celle des jeunes confrères qui, à cette école de dévouement, ont puisé cette charité qui a comme renouvelé l'élément laïque et fait tant progresser dans la voie du bien les classes dirigeantes. *(Applaudissements.)*

M. l'abbé Frisch. — Mais que pensez-vous de la nécessité d'un centre d'action?

M. le docteur Michaux. — Il y a bien des distinctions à établir.

M. l'abbé Frisch. — D'après vous, dans les grandes villes, le patronage peut être séparé de la paroisse. Mais si de ces patronages on ne va pas à la paroisse, on aura peu fait au point de vue de la persévérance. Partout où une œuvre est restée isolée et comme concentrée en elle-même elle n'a eu que des résultats médiocres eu égard à la somme considérable de dévouement dépensée pour la faire vivre. *(Vifs applaudissements.)*

C'est une grave question d'amener les jeunes gens au prêtre. Celui-ci accepte tous les dévouements. *(Applaudissements.)* Mais il faut admettre le principe : diriger les enfants vers la paroisse, afin qu'ils puissent toujours s'orienter dans la vie en regardant leur pasteur; tout dans la vie spirituelle se ramène à lui.

M. Costes. — Mais partout nous cherchons à conduire l'enfant aux prêtres. C'est notre avis à tous. Les patronages paroissiaux sont moins anciens, et leurs aînés, les patronages de Saint-Vincent-de-Paul, indépendants, sont suffisamment attachés à la paroisse. Le patronage paroissial ne sera jamais qu'un catéchisme de persévérance et vous n'y trouverez pas ces consolantes générations de patronnés, comme j'en vois à Sainte-Mélanie. Les laïques sont des auxiliaires indispensables dans les œuvres.

M. l'abbé Frisch. — Mais personne ne parle d'éloigner des œuvres l'élément laïque!

M. le Président. — Vous confondez, Monsieur, l'action du prêtre et celle de la paroisse.

M. Costes. — Je reconnais la nécessité d'avoir un directeur spirituel, et ne croyez pas que nous cherchions à éloigner les enfants de la paroisse.

M. le Président. — Mais, Monsieur, vous confondez le prêtre et le curé.

M. Costes. — Cependant, je crois la constitution des patronages telle, que la paroisse seule n'en peut ni fonder, ni posséder, ni diriger de durables. Nous admettons le principe de l'union. Mais ce serait, à mon avis, nuire aux patronages libres constitués, que vouloir les faire dépendre uniquement de la paroisse.

M. le Président. — Le mot « uniquement » est de trop, personne ne l'a prononcé.

La parole est à M. Duval.

M. Duval, *de Reims.* — M. l'abbé Guérin a proposé une distinction que je crois indiquée par la situation. Dans la première classe, les paroisses de 50.000 âmes, il y a une place pour plusieurs patronages, on n'a pas à craindre la concurrence, ce mot est exagéré, je veux dire qu'on peut accepter le parallélisme d'une œuvre libre et d'une œuvre paroissiale.

Dans la seconde classe, où il ne peut y avoir qu'une œuvre par paroisse, elle me semble devoir être paroissiale.

Dans la troisième, celle des petites paroisses, il faudrait, avec le respect que je leur dois, que MM. les curés parviennent à s'entendre... si possible (*rires*), pour avoir un patronage commun. Il faut reconnaître que dans ces petites paroisses chacun veut être maître de ses paroissiens, et veut avoir la direction de ses enfants. *(Très bien.)* C'est assez naturel. De là des susceptibilités.

Maintenant, quels peuvent être les rapports du curé avec le patronage?

Dans la première catégorie, où nous supposons deux patronages, tout ira bien entre le curé et le patronage paroissial. Mais avec le patronage libre, quels doivent être les rapports? Permettez-moi un souvenir personnel; je fais appel à mes vieux camarades : en 1875, alors que nous étions confrères au patronage Notre-Dame de Nazareth, le curé de Notre-Dame-des-Champs était l'abbé Coignat; c'était un prêtre éminent qui a laissé son souvenir dans le diocèse. Sans offenser sa mémoire je puis rappeler qu'il estimait que Nazareth ne faisait pas partie de la paroisse. C'était une erreur.

M. Costes. — Mais oui. (*Rires.*)

M. Duval. — Si vous voulez faire partie de la paroisse, disait-il, envoyez-y les enfants; ils s'y ennuient, mais tant pis. Cela dura jusqu'en 1875. M. le curé ne paraissait jamais à l'œuvre. Quand il eut sa belle église neuve, venant remplacer le pauvre édifice en bois de la rue de Rennes, il voulut y installer une confrérie du Saint-Sacrement; il recueillit des adhésions et constata que toutes venaient d'anciens membres du patronage Notre-Dame de Nazareth demeurés chrétiens, qui avaient voulu vivre de la vie paroissiale. (*Applaudissements.*) M. le curé répondit à notre première invitation — c'était une distribution de récompenses présidée par Mgr de Ségur. — M. l'abbé Coignat tint à faire sa confession publique, et depuis lors Nazareth n'eut pas de plus chaud ami. C'est là un terrain sur lequel on pourrait se placer. Le curé doit être un ami, avoir ses entrées au patronage, mais ce sera tout. Même au patronage paroissial, où il doit avoir la haute main, il doit toujours laisser au directeur préposé par lui à la tête de l'œuvre une grande liberté, l'autonomie. Sans cela, il démolirait l'œuvre à peine édifiée. Mais pour donner à ce directeur les moyens d'action nécessaires, il faudrait que l'autorité diocésaine se préoccupât de laisser plus longtemps en place les vicaires auxquels incombe la direction des œuvres (*vifs applaudissements*); il faudrait que l'autorité diocésaine se préoccupât d'assurer aussi chez le vicaire directeur la vocation des œuvres (*très bien*); il ne faut pas que la direction du patronage soit un privilège de la charge du premier ou du second vicaire, mais qu'elle soit confiée à celui qui aura la plus grande charité, à celui qui se montrera surtout un professionnel du dévouement. — (*Applaudissements.*)

M. le Président. — Je vous prie à regret, Monsieur, d'abréger cette intéressante communication, mais je vous rappelle que l'heure passe et que nous ne sommes encore qu'à la discussion du premier point.

M. Duval. — Je résume donc ma pensée. Elle est bien nette. Pour les patronages libres, l'autonomie et des relations affectueuses avec l'autorité paroissiale.

M. Roche. — Je demande à protester contre un mot prononcé tout à l'heure. Il n'y a personne dans cette assemblée qui veuille écarter le prêtre de nos patronages. Nous proclamons tous que notre rôle est de lui amener les enfants ; seul il peut, en pénétrant dans l'intime des âmes, achever l'œuvre commencée par nous. La question est de savoir si, pour que cette action soit possible, le prêtre doit être indépendant ou dépositaire de l'autorité paroissiale.

M. le Président. — Je vous ferai remarquer que j'ai distingué immédiatement le prêtre du curé. — (*Très bien.*)

M. Roche. — En outre il est dangereux de généraliser trop. Il y a des villes de 7 ou 8 paroisses qui ne rentrent dans aucune des trois catégories. Les curés y occupent une situation trop considérable et trop surchargée pour qu'on puisse leur imposer la direction effective d'un patronage. Par contre, les vicaires, jeunes prêtres de distinction, placés là dans des situations d'attente, n'y restent que trois ou quatre ans. Charger l'un d'eux du patronage, c'est condamner celui-ci à une chute triennale. Il faut un prêtre qui en reste pendant dix ou quinze ans au moins le directeur spirituel. Ensuite il est difficile de trouver dans le voisinage de la paroisse des locaux appropriés. Nous nous inclinons tous ici devant l'expérience en matière d'œuvres de M. le curé Soulange-Bodin : eh bien, je lui demande s'il croit possible de conduire cent enfants, deux par deux, à l'église éloignée du patronage, et de les ramener ensuite ? — *(M. le curé Soulange fait un geste de dénégation.)*

Quant aux rapports avec le curé, je les souhaite aussi cordiaux que possible; mais en fait le curé les subordonne à trois conditions, à trois actes de présence à la paroisse :

1° Pour la procession de la Fête-Dieu, je ne m'y oppose pas, mais les directeurs savent que toute journée passée hors de l'œuvre est perdue pour leur action ;

2° Pour la première communion, jusqu'à présent il a fallu l'accepter à regret ;

3° Pour les pâques, or nous ne croyons pas qu'un patronage soit possible si l'on n'y fait pas ses pâques, et jusqu'à présent nous l'avons toujours obtenu de l'autorité diocésaine. *(Exclamations et bruit.)*

M. le Président. — Mais si vous refusez tout ceci, que deviendront les enfants quand ils quitteront le patronage, puisqu'ils ne connaîtront pas la paroisse ? Pour résumer, quelle est votre opinion sur la nature des rapports à entretenir avec le curé ?

M. Roche. — Quand nos enfants auront reçu la formation chrétienne, complète et sérieuse, que nous aspirons à leur donner, ils seront, devenus hommes, les plus solides piliers de la paroisse.

Somme toute, le Patronage doit garder son autonomie, mais les rapports avec la paroisse doivent exister et être empreints de cordialité Nous demandons que cette cordialité soit recommandée aux curés par l'autorité diocésaine.

M. l'abbé Ambler. — Un curé doit connaître tous ses paroissiens. Il doit donc connaître les enfants qui fréquentent le patronage; pourquoi celui-ci échapperait-il à sa surveillance et à sa direction ? Il faut que les enfants aillent quelquefois à la paroisse pour que ces rapports obligatoires puissent être sincères et par « quelquefois » j'entends l'assistance à la Messe des dimanches, la procession du Saint-Sacrement et divers offices paroissiaux plus ou moins extraordinaires. Si l'on fait au patronage la communion pascale et les processions, c'est en faire une autre paroisse et une paroisse schismatique, puisque l'autorité diocésaine ne l'aura pas reconnue. Il faut donc un centre de vie religieuse officiel, et ce centre ne peut être que la paroisse. (*MM. Roche et Costes protestent.*) Ensuite, à qui s'adresseront les parents des patronnés ? à un rival du curé, qui leur laissera ignorer le chef de la communauté religieuse et le maître de la vie spirituelle ? C'est impossible. Encore une fois, il faut que la paroisse soit le centre réel et pratique de cette vie spirituelle. (*Vifs applaudissements.*)

M. Costes. — Mais, la paroisse est un centre restreint qu'il faut unir à d'autres pour avoir la centralisation définitive nécessaire.

M. Henry de France. — A mon avis, la question est trop longuement discutée. C'est pourtant une simple affaire de bon sens. (*Applaudissements.*) Qui est-ce qui est préposé à la vie religieuse ? C'est le curé responsable, qui doit à cause de cette responsabilité, avoir la main et autorité sur tout. (*Vifs applaudissements.*) Il faut donc que la paroisse soit le centre des œuvres. (*Applaudissements.*)

M. Costes. — Mais c'est localiser notre action !

M. le Président. — Nous sommes tous d'accord qu'il doit y avoir un centre et des relations entre la paroisse et le patronage, puisque celui-ci doit rester sous la juridiction du clergé. Nous passons donc à la seconde question. Quelles peuvent être ces relations? Qui de vous, Messieurs, demande la parole?

Le cher Frère *** — Je vais me placer, en effet, sur un terrain exclusivement pratique. Toutes les agglomérations de catholiques doivent être comme des cercles concentriques (*c'est cela! très bien!*); sans cela, point d'union. Pour l'éducation religieuse, il ne faut pas de centre particulier qui fasse oublier le véritable centre, la paroisse. Néanmoins, on peut la donner dans le centre particulier qui s'appelle le patronage, à condition de ne jamais s'éloigner du centre général; c'est la condition de l'harmonie. Pour établir cette harmonie, pour rattacher au centre, je crois d'abord qu'il est absolument nécessaire de faire faire partout les pâques à la paroisse. (*Vifs applaudissements.*)

M. le Président. — D'ailleurs, la loi de l'Eglise est formelle.

Le cher Frère *** — Mais on peut et l'on doit faire plus. A Tourcoing, et autres villes du Nord, il y a une grand'messe et des vêpres pour les membres des œuvres; on proportionne l'office et les instructions à leurs besoins. Cela pourrait se faire dans les grands centres. A la fête du Saint-Sacrement, le patronage doit être au moins représenté à la procession de la paroisse. Pour le reste, cela dépend de la courtoisie mutuelle des uns et des autres.

Une voix. — Il ne faut pas que le curé exige trop!

Le cher Frère *** — Dans certains patronages, on bénit le mariage des anciens patronnés. C'est un tort, le mariage doit se faire à la paroisse.

M. Costes. — Un curé de Paris a dit : « Quand je vois un homme de 20 à 25 ans à la messe, je suis sûr qu'il a été au patronage. »

M. le Président. — Il me semble que la question est élucidée : il faut des rapports réciproques de grande courtoisie, la participation du patronage aux grandes fêtes paroissiales, évidemment la stricte application de tous les devoirs paroissiaux. Pour le reste c'est une question surtout de mesure. Nous allons donc passer à la troisième question : comment organiser des patronages paroissiaux?

M. F. Kérivan. — Monseigneur, je demande à ajouter une indication sur la seconde question. Il me semble que nous pourrions spécifier qu'il faut plus que de la courtoisie. Dans telles et telles paroisses il y a un patronage libre et un patronage paroissial; il ne faut pas que ces œuvres se chamaillent, si vous me permettez ce mot. La seule personne qui puisse délimiter les droits réciproques, c'est le curé, chef de la paroisse.

Il faut plus que de la courtoisie, il faut l'organisation. Il faut l'union des œuvres dans la paroisse. Il faut établir des relations entre ceux qui les dirigent pour qu'elles s'aident au lieu de se nuire; le recrutement des enfants doit être soumis à l'acceptation du curé, et cela dans le but final de l'organisation sociale de la paroisse. Il faut l'union entre nos vieilles et nos jeunes œuvres. Ce n'est pas le moment de rester désunis devant des ennemis qui ont un centre officiel et le drapeau flottant sur leur porte. (*Vifs applaudissements.*)

M. l'abbé Soulange-Bodin. — Nous avons jusqu'ici discuté nos droits réciproques. N'avons-nous pas un peu oublié que les principaux intéressés dans la question ce sont les enfants de nos paroisses? (*Rires et applaudissements.*)

C'est pour les enfants qu'est fait le patronage et non les enfants pour le patronage, qui n'est en réalité qu'une maison d'éducation.

Or quel est le devoir d'une maison d'éducation? C'est de former de bons chrétiens et de bons citoyens. (*Applaudissements.*)

L'endroit où se trouvent tous les éléments de la vie chrétienne, où se forment les chrétiens, c'est l'église paroissiale, créée pour être la maison des âmes, leur garde-manger, comme disait le curé d'Ars. C'est donc là que le patronage doit tendre à mener les enfants pour en faire de bons chrétiens. Et croyez bien qu'il en fera aussi de bons citoyens; car on ne peut être bon chrétien sans être bon citoyen. (*Applaudissements.*)

La difficulté provient du manque de places à l'église, et de la longueur des offices paroissiaux. Établir des offices pour les patronages trancherait avantageusement la difficulté. (*Vifs applaudissements.*) C'est ce que j'ai fait à Plaisance, et je n'ai eu qu'à m'en féliciter. (*Vifs applaudissements.*)

M. le Président. — C'est une application qui se généralise et qu'on ne saurait trop encourager.

M. Michaux. — Nous sommes tous d'accord là-dessus; nous voulons tous que nos enfants aillent à l'église paroissiale. Mais pourquoi cette opposition continuelle entre le patronage et la paroisse? Dans l'un comme l'autre, on trouve toujours le bon Dieu. Pourquoi vouloir imposer au patronage une formule stricte et étroite qui nous priverait du concours d'un certain nombre d'hommes de bien d'une nature plus indépendante et plus libre. Ayons une conception générale, affirmons des principes, mais ne précisons pas l'application! Ce qu'il faut sauvegarder avant tout, c'est l'union! (*Applaudissements.*)

M. l'abbé Frisch. — Évidemment...

M. Michaux. — Il y a des individualités qui ont besoin d'être libres. Allons-nous répudier leur concours?

M. le comte de Villoutreys. — C'est cela, ne nous divisons pas.

M. l'abbé Frisch. — Oui, mais nous pouvons, nous devons nous entendre sur les principes.

M. Michaux. — Sans doute, mais ce que je demande, c'est que dans les détails pratiques, nous n'imposions pas de règles fixes. Tout le monde ne peut pas s'y plier...

M. Costes. — On ne peut pas forcer les sympathies. (*Rires et applaudissements.*)

M. le Président. — Ainsi, nous sommes tous unanimes à reconnaître que les œuvres libres doivent incliner les jeunes gens vers la paroisse, en leur faisant prendre l'habitude des manifestations paroissiales. (*Applaudissements.*) Il ne faut pas que les patronages se sentent étrangers à la paroisse.

M. Costes. — Mais tous nos efforts tendent à les y conduire.

M. le Président. — Aussi je l'espère. Allons-nous examiner comment on peut instituer des patronages paroissiaux?

M. l'abbé Guérin. — Monseigneur, je demande à ajouter à cette question quelques mots. Les vicaires des moyennes paroisses, celles où l'on a reconnu la nécessité du patronage paroissial, sont très surchargés de labeurs. Il serait à désirer, je crois, que celui qui sera désigné pour diriger le patronage soit exempt de tout autre service, dans la mesure du possible, aux jours et aux heures de réunion. (*Applaudissements.*) Je crois que c'est la condition *sine qua non* de l'existence d'un patronage sous la direction paroissiale.

M. le Président. — C'est une indication que nous pouvons fournir à qui de droit. Il est évident qu'on ne peut être à la fois au patronage et à l'enterrement.

M. l'abbé Frisch. — C'est une question de discipline pratique. Il faudrait que plusieurs vicaires participent à la direction du patronage; on en aurait toujours un au patronage. C'est ainsi que nous faisons à Ménilmontant.

M. le Président. — Il faut tenir compte des difficultés du personnel.

M. J. Lerolle. — Si nous voulons un patronage paroissial, il faut faire du patronage le catéchisme de première communion. Il faut prendre les enfants avant la première communion si l'on veut une préparation sérieuse. En outre, les enfants de l'école laïque ne viennent guère au catéchisme de persévérance paroissial. Or, il faut considérer que le patronage est par définition le catéchisme de persévérance adapté aux temps présents. Pourquoi ne serait-il pas confondu avec le catéchisme de persévérance paroissial ? Ce serait un élément de recrutement pour le patronage, et l'on pourrait donner à tous les jeunes communiants les bases d'une éducation sociale chrétienne, concurremment avec le développement de l'éducation morale et de l'instruction religieuse. *(Applaudissements).*

M. le Président. — Alors le curé ferait du patronage le centre d'éducation de tous les enfants de sa paroisse.

M. J. Lerolle. — Oui, ce serait mon désir.

M. l'abbé Frisch. — Ne craignez-vous pas que cela n'éloigne quelques enfants ? On pourrait, et cela vaudrait mieux, donner l'instruction religieuse et à la paroisse et au patronage.

M. J. Lerolle. — On ne viendrait pas aux deux, et ce serait augmenter la séparation entre la paroisse et le patronage. Je ne vois pas en quoi donner l'instruction religieuse écarterait des enfants ; pour moi, ce serait la meilleure solution.

M. l'abbé Esquerré. — On pourrait avoir une chapelle de catéchisme en dehors de l'église paroissiale, où se réuniraient les enfants du patronage et les autres. C'est ce que nous avons à Saint-François-Xavier.

M. Fraënzel. — A Saint-Gervais, dès neuf ans, les enfant reçoivent une fois par semaine une répétition de catéchisme donnée par des dames catéchistes, qui se sont réunies sous la direction d'un ecclésiastique. On y reçoit des enfants étrangers à l'œuvre, et ils s'y trouvent peu à peu amenés par leurs camarades. On a ainsi au patronage un supplément d'instruction religieuse. — Je me permets une autre observation. On discutait tout à l'heure quels doivent être les rapports de l'œuvre et de la paroisse. Si l'œuvre est paroissiale, ses rapports sont naturellement très intimes et très fréquents avec la paroisse. Si l'œuvre n'est pas paroissiale, je crois qu'il faut néanmoins habituer les enfants à faire acte de bons paroissiens en les conduisant, au moins en certaines circonstances, aux offices de l'église paroissiale. Un des buts principaux qu'on poursuivra par là, c'est lutter contre le respect humain : lorsqu'un enfant aura à porter un cierge à la procession sous les regards de ses camarades d'atelier, il aura à lutter contre leurs moqueries, il sera engagé désormais à vivre chrétiennement. *(Applaudissements.)*

M. Hélie. — Je me permets de signaler un autre avantage du patronage paroissiale. On réunit tous les enfants pour la première communion ; toutes les différences de classes disparaissent dans la fraternité de cette fête. Il faudrait profiter de cette première et exceptionnelle fusion. Il faudrait continuer par le patronage paroissial cette union momentanée du riche et du pauvre. On arriverait à former ainsi de nombreux et excellents confrères de patronage. Ce serait bien facile ; il n'y aurait qu'à intéresser les enfants riches à leurs compagnons d'hier qui sont au patronage, à les faire travailler pour eux ; les jeunes garçons, en allant prier avec eux, en leur prêtant, en leur donnant leurs jouets dont ils sont fatigués ; les jeunes filles en travaillant pour les fillettes des ouvroirs. On arriverait ainsi à réunir de l'argent : au lieu d'accumuler les cadeaux aux autels, qui souvent n'en ont pas besoin *(très bien ! sourires)*, on réussirait ainsi à canaliser l'argent de la charité vers les œuvres qui en sont souvent dépourvues et l'enfant, riche comme pauvre, apprendrait à pratiquer cette vraie charité qui consiste en autre chose qu'à entretenir des bougies ! (*Applaudissements.*)

M. Rollét. — Il serait bon d'organiser, auprès des patronages, des garderies pour recevoir les enfants avant et après l'école laïque. Il suffirait d'avoir des locaux gardés par des religieuses, des prêtres ou de simples confrères, et là le père viendrait conduire son enfant en partant pour le travail, viendrait le chercher en rentrant. Ce serait la seule sauvegarde contre les dangers de la rue. En outre, on exercerait ainsi une action considérable sur les enfants des écoles laïques. Le jour où cette espérance sera réalisée on aura fait un grand bien aux ouvriers, dont on aura allégé la responsabilité en gardant pendant toute la durée de leur travail leurs enfants trop souvent vagabonds. (*Applaudissements.*)

M. l'abbé Soulange. — C'est l'école Bossuet appliquée aux pauvres.

M. Rollet. — Tout à fait.

M. Fraënzel. — Quelques essais ont été faits, notamment au patronage Saint-Gervais où les enfants des écoles laïques sont admis de 4 heures à 7 heures à faire leur devoir : cette garde est une lourde charge pour une œuvre, mais les résultats obtenus compensent les sacrifices.

Mgr Péchenard clôt la discussion et met aux voix les vœux suivants qui sont adoptés à l'unanimité :

Le Congrès émet le vœu : 1° Que tous les patronages, quels qu'ils soient, maintiennent des rapports avec la paroisse afin que les enfants s'accoutument à fréquenter l'église paroissiale et à y remplir leurs devoirs de chrétien ;

2° Est d'avis que tout en respectant scrupuleusement la situation des patronages libres déjà existants, on travaille à constituer et à organiser partout des patronages paroissiaux.

La séance est suspendue pendant un quart d'heure.

Deuxième Séance générale du Congrès

RÉUNION DE 4 H. 1/2

Présidence de Mgr Péchenard, assisté de : M. le curé de Ménilmontant, M. le curé de Plaisance, M. l'abbé Paguelle de Follenay, Vice-Recteur de l'Institut catholique, M. le comte de Vorges, un Vice-Président de la Commission des Patronages et deux Secrétaires.

Mgr Péchenard donne la parole à M. l'abbé Ackermann, aumônier de la Maison de famille de Nazareth, pour présenter son rapport sur l'instruction professionnelle dans les patronages.

Rapport de M. l'abbé Ackermann

AUMONIER DE LA MAISON DE FAMILLE DE SAINT-JOSEPH

Monseigneur,
Messieurs,

Un jour — c'était, je crois, l'année dernière, — le Conseil municipal de Paris, préoccupé de certaines lacunes qu'il constatait dans l'éducation laïque, concluait : « Il faut prendre des catholiques leurs moyens, — leurs patronages, leur dévouement... » Et, ce jour-là, on vota du dévouement.

Ce témoignage d'adversaires est pour nous un encouragement. Et, en effet, l'œuvre éducatrice de l'Eglise, autrefois niée, n'est plus aujourd'hui sérieusement contestée.

Mais ce qui n'est pas davantage contestable, quoi qu'on veuille dire, c'est l'œuvre *enseignante* de l'Eglise. Lorsqu'on fait des *Ligues de l'Enseignement populaire*, on invente ce qu'elle a pratiqué le long des siècles : instruire le peuple. Depuis saint Benoît et le monde barbare, jusqu'aux Frères et aux Sœurs qui accompagnent nos missionnaires, les maîtres enseignants marquent parmi les plus beaux fleurons de sa couronne monastique.

C'est donc comme sous une influence héréditaire que tout naturellement nos patronages, pures œuvres d'éducation, tournèrent aussi leurs yeux, dès l'origine, vers l'instruction. Quand la Société de Saint-Vincent-de-Paul eut réuni ses premiers apprentis, Ozanam enseignait le latin aux typographes pour compléter leurs connaissances techniques, pendant que M. Le Prévost fondait, à Grenelle, la première bibliothèque populaire et militaire, et qu'aux Amis de l'enfance, à Saint-Nicolas, les Frères des Écoles chrétiennes associaient les cours à l'atelier. Il y a plus de soixante ans de cela. Et lorsque, il y a trente ans, l'abbé Thenon — passez-moi ce souvenir domestique, — qui avait voué sa vie sacerdotale à l'éducation, non à l'instruction, fonda à côté de ses écoles un orphelinat d'apprentis, il s'empressa de créer parmi ses élèves un comité des cours du soir, ne comprenant pas l'éducation chrétienne de l'ouvrier sans l'instruction.

Tel est, tel a toujours été l'esprit de l'Église. L'âme catholique n'a pas varié. Instruire le peuple en même temps que l'élever : les Saints, tout perdus en Dieu et dans la sanctification des âmes, en font eux-mêmes leur premier souci; et quand ils ne trouvent pas d'instituteurs ils en inventent, ils en fondent, et d'admirables : que ce soit le saint, curé de Clichy, Vincent de Paul, ou le saint, curé de Mattaincourt, Pierre Fourier.

Mais, Monseigneur, insister — en cette maison et devant vous — serait presque affaiblir une vérité dont votre présence, à cette place, est la vivante et si haute affirmation.

Après nous, d'autres — et nombreux — sont venus travailler à l'instruction populaire. Il est même arrivé ce qui arrive parfois pour les compagnies de chemins de fer et les filatures : les dernières fondées ont le meilleur matériel et l'outillage le plus perfectionné. Sur plus d'un point, nous sommes aujourd'hui devancés, et il y a lieu de songer à mettre à jour notre outillage, parce que le monde du travail s'est avancé d'un pas.

Qu'y a-t-il à faire aujourd'hui pour l'instruction générale et l'instruction professionnelle de l'ouvrier? Devons-nous laisser la tâche à d'autres ou l'entreprendre nous-mêmes, et comment l'entreprendre? Voilà les questions que nous avons à examiner.

I

Et d'abord, qu'y a-t-il à faire?

Il faut que le peuple soit instruit.

Oh! il reste bien entendu que la première science que nous voulons pour nos ouvriers, est celle qui tombe des lèvres de notre Mère la sainte Église, et qui germe au cœur par une pratique généreuse de la vie chrétienne.

Pourrions-nous l'oublier au moment où nos adversaires de la libre-pensée — reprenant notre formule — redisent enfin à leur tour : La moralité est le vrai but, et l'éducation : l'instruction n'est que le moyen? au moment où ils confessent entre eux « qu'on a trop compté sur les bienfaits exclusifs de l'instruction »?

J'ajouterai seulement que nous avons grand besoin de donner à l'ouvrier, outre la pratique chrétienne, la science chrétienne. Il ne faut pas qu'entre sa raison et son cœur, entre sa foi et les objections des autres, il y ait une cloison étanche.

Mais, après cela, nous voulons aussi donner au peuple la science ordinaire, terrestre, celle qui fait l'homme et l'habile artisan. Ceci, on ne comprend pas de dehors que nous le voulions. Le grand tribun, parlant autrefois de sa guerre au cléricalisme, disait : La vraie lutte est aujourd'hui entre « une révélation qui prétend tout savoir et la science qui prétend marcher de progrès en progrès ». Volontiers ils offrent de laisser à nos ouvriers leur ciel mystique et, prenant pour eux la terre, ils la mettent en coupe réglée.

Il leur semble que c'est là une conséquence de nos principes — au moins une habitude d'esprit engendrée par notre foi.

Dans de certains discours, qui veulent être des manifestes, et qui nous blessent — mais surtout nous étonnent, venant de personnalités auprès desquelles nous étions habitués à trouver une estime, j'ose dire une sympathie, mieux informée, — je rencontre encore des allusions à « ceux qui gémissent qu'on apprenne au peuple à lire ». S'agirait-il encore de nous ?... puisque dans ces critiques âpres et discrètes la foi catholique est partout visée...

Eh bien ! pour nous-mêmes, remettons les choses au point, en posant, non plus des exemples, mais des raisons.

Dans une Eglise qui a une doctrine, comment n'instruirait-on point ? Et si sa doctrine n'est pas un idéalisme mystique, détaché des faits, mais un fait historique, comment ne toucherait-on pas à la science ? Et si pour sa théologie même, la raison n'est pas l'ennemie qu'il faut expulser de la maison, mais l'auxiliaire indispensable, *ancilla*, comment ne cultiverait-on pas la raison ? Et si toute la vie *chrétienne* doit être non une négation, mais une transfiguration de la vie *humaine*, en sorte que « pour faire un chrétien il faut un homme pleinement homme », et si pour la grande masse des hommes la grâce doit être non l'ascétisme qui sépare, préserve, isole, conduit au désert, mais l'ascétisme qui relève, transforme, sanctifie, par un effort quotidien, les simples actions de chaque jour, la vie vulgaire de la famille, de l'atelier, inspirant une âme à ce corps : comment dès lors l'Eglise peut-elle se désintéresser de ce qu'elle est chargée de relever, de purifier, de sanctifier ?

Oui, nous nous intéressons au travail, au bien-être de l'ouvrier et à la culture humaine de son esprit, autant que les autres.

Et nous ajoutons seulement que, s'il néglige de regarder plus haut que l'humanité, s'il veut rester simplement homme, il devient moins qu'un homme.

Messieurs, pardonnez-moi ce qui peut vous sembler une digression, mais qui n'est qu'une position de principes. Et vous savez qu'il n'y a que les principes pour rendre les faits lumineux.

Nous voulons donc que le peuple soit instruit. Nous devons le vouloir.

Remettons-nous devant l'ouvrier. C'est un adolescent de douze à vingt ans. Il a reçu l'instruction primaire, et le voilà à l'atelier, à l'usine, aux champs. Que lui reste-t-il, dira-t-on, sinon à apprendre la pratique de son métier et à vivre honnêtement ? L'un s'apprend chez le patron, l'autre au patronage.

Il pouvait en être ainsi autrefois ; aujourd'hui, certainement, cela ne suffit plus, parce que les conditions de la vie et du travail ont changé. Il lui faut une instruction supplémentaire, et comme homme, et comme ouvrier.

∴

D'abord, il faut l'instruire pour former l'homme.

Autrefois, une notable partie des soldats ne savaient pas lire ; mais aussi il n'y avait presque rien à lire, ni brochure, ni journal, pas même le nom des rues dans les villes ; les enseignes étaient des images. Aujourd'hui, un jeune paysan qui vous accoste à Paris, demandant la rue qu'il ne sait pas lire, détonne, au milieu de nos écriteaux, de nos affiches, de nos bureaux de poste, de nos étalages de journaux : il est d'un autre monde. De même cet ouvrier des villes qui revient de l'atelier son journal à la main, qui le dévore, qui lit affiches, discours, feuilletons... et qui ne sait pas lire, détonne : car il apparaît comme une monstruosité dans ce milieu où tout le monde lit. Et cependant cet ouvrier qui lit tout et qui ne sait pas lire, nous le connaissons très bien, car nous le rencontrons un peu partout. Ce qu'il lit, il n'en saisit ni le sens ni la portée. Il ne sait ni choisir ni apprécier. Il se jette avec passion sur la brillante rhétorique du député en vogue ; enveloppé par la musique des phrases, ému d'un tableau, hypnotisé par un mot, il s'écrie : « C'est profond !... » Pour les idées, son instrument intellectuel a encore l'inconsistance du cerveau d'un enfant : n'essayez pas de lui faire suivre logiquement sa pensée : elle est toute en images, en associations ; elle va par impressions et par bonds ; la suggestion est toute sa logique. Le peuple se mène avec des mots, ce qui fait dire qu'il a l'esprit *simpliste*.

L'âme simple, vous l'avez chez le paysan français — celui d'autrefois. Son intelligence s'est développée normalement, d'une seule venue et sans heurt. Il a peu d'idées ; mais il les repense et les approfondit, à l'école de la vie et de la réalité pratique. Ses idées sont vivantes, vécues. Aussi a-t-il l'esprit alerte, ferme, ingénieux, d'une belle humeur qui est marque de santé. L'ouvrier des villes, l'homme qui lit — aujourd'hui presque tout le monde, — a une vie intellectuelle double. Outre les pensées qui se dégagent pour lui de la vie réelle, il a celles qui lui sont apportées toutes faites, à l'état d'idées. Celles-ci ne traduisent rien de son expérience personnelle ; le contrôle en est malaisé et la critique ardue. Pour le paysan d'autrefois, ses intérêts les plus vastes étaient à la portée de son expérience : la question sociale, affaire avec son maître. Aujourd'hui, les plus graves questions, politiques, économiques, religieuses — désormais nationales, internationales, séculaires, donc partout hors de portée, — arrivent à l'ouvrier sous forme d'idées, par la voie de la plus légère et de la plus momentanée des littératures, le journal. Avec son esprit laissé en friche à douze ans, il ne s'assimile point l'idée ; il subit la formule. Des échos multipliés, lectures, conversations, propos d'atelier, donnent à cette abstraction une vie factice. Sous la suggestion quotidienne, l'ouvrier devient impressionnable et prend, comme nos intellectuels, une sensibilité maladive. La vie, dure pour lui, anormale, exalte son inquiétude, sa passion. Ne lui demandez point d'examiner ; n'attendez pas qu'il dise, comme le paysan avec son ferme bon sens : « Bah ! le papier est docile, on lui fait porter ce qu'on veut ! » Au contraire, il a l'illusion d'avoir compris; il se fait écho à son tour : il redira son thème dans un club. Sa dualité mentale s'étant ainsi accentuée, vous le trouverez très sagace, intelligent, très débrouillé dans l'ordre pratique ou les choses du métier, et, le même, naïf, crédule, incohérent et prétentieux dans l'ordre des idées. Il a un rêve à côté de la réalité. Le socialiste vit de son rêve; l'anarchiste meurt pour son rêve.

Voilà le fait. Il ne s'agit pas de savoir si l'ouvrier pensera ou non; ni si nous essaierons de le préserver : « n'écoutez pas, ne lisez pas »; ni si nous accroîtrons son mal, lui *suggérant* à notre tour ce qu'il doit penser; il s'agit de savoir si nous lui apprendrons à penser par lui-même, si nous l'armerons contre la suggestion, ou si nous le laisserons se débattre seul, avec sa science informe de douze ans, dans cet assaut incohérent d'idées qui viennent partout l'obséder, dans la rue, à l'atelier, surtout au journal. Ce serait comme si nous laissions un de nos élèves, à partir de la sixième, sans maître, seul avec ses livres.

Raffermissons notre esprit en face de cet état de choses. Ne soyons pas comme nos vieilles grand-mères, à qui la locomotive faisait peur. La locomotive est là, et aussi le journal. Il ne reste qu'à nous embarquer. Après tout, la Bonne Nouvelle monte avec l'apôtre derrière la locomotive, et la Vérité pour aller au peuple ne dédaigne plus la voie du journal.

Il y aura donc désormais « les humanités » nécessaires pour conduire l'ouvrier à la vie, comme l'étudiant, puisque tous deux ils lisent. Et pour un peuple qui vote et se gouverne, la distance de ces deux « humanités » est destinée à diminuer encore : déjà l'ouvrier et l'étudiant lisent les mêmes choses.

Fortifier l'instrument intellectuel, exercer à penser : voilà donc le but de la seconde instruction à donner au peuple. Il s'agit moins pour lui de connaissances à acquérir que de qualités d'esprit. Serions-nous tentés, pour abréger, de lui donner les problèmes tout résolus — comme le précepteur maladroit qui fait le thème de son élève — de vouloir le conduire uniquement par l'abandon et la confiance?... Oh! n'y comptons plus! Les plus dociles mêmes veulent se sentir une virilité intellectuelle. Osons!... nous les en trouverons capables.

Remarquez que c'est un devoir social : le sort de la patrie en dépend. Il faut que le peuple apprenne à penser, pour n'être pas victime des utopies de ceux qui pensent.

Remarquez aussi que tout est à votre avantage : la fermeté de caractère que suppose la vie chrétienne est le meilleur garant de la fermeté de pensée.

Instruisez; mais instruisez progressivement. Donnez le désir de savoir et le sentiment d'ignorer. Donnez l'équilibre qui est la santé de l'esprit; habituez surtout à cette réserve et à cette probité intellectuelle qui apprend à suspendre son jugement et à demander des raisons au lieu de se payer de mots.

Œuvre difficile, parce qu'il faut aller prendre l'intelligence de l'apprenti là où elle est. L'étudiant qui s'est affiné quinze ans aux idées générales a grand mal à entrer dans ce mode de penser concret qui n'a peut-être jamais été le sien. Il y arrive néanmoins, le cœur aidant.

Il faut prendre l'ouvrier là où il est, là où il comprend, dans sa vie quotidienne. Il faut renouer les idées aux faits, ou plutôt lui apprendre à les en dégager, comme faisait excellemment le paysan ; lui montrer que ces idées qu'il a trouvées lui-même sont identiques à quelques-unes de celles que la circulation générale lui amène, tout abstraites. Si vous faites des études sociales, partez de son métier.

Il faudrait en même temps lui apprendre à lire, c'est-à-dire à se rendre compte de ce qu'il lit. Essayez, vous verrez que le plus liseur entend de travers les mots qu'il emploie : sa langue intellectuelle est imprécise, pleine de contresens comme la langue des nourrices. Lisez avec lui en précisant le sens des mots, puis en lui faisant raisonner l'idée. Il trouvera plaisir à voir clair.

Précisez, approfondissez avec lui des notions apprises à l'école et qui n'étaient qu'en surface; quelques données exactes de géographie et d'histoire élargiront son horizon : son métier va au bout du monde, sa foi remonte à l'origine des temps.

Je concevrais un cours d'histoire, moins comme une chaîne de faits que comme une série de tableaux vivants. Ainsi font les Allemands dans leur enseignement populaire; l'unité n'est pas celle d'une chronologie, mais d'une idée : donner la vive impression de la patrie allemande. Sauf le fanatisme qu'ils y mêlent, la méthode est bonne. Quel beau cours d'histoire à des ouvriers qu'une suite de tableaux — préparés par une critique sévère — et d'où se dégagerait un double sentiment : de la patrie, d'une part, et de l'autre, de « l'Eglise catholique, l'institution la plus considérable que le monde ait vue, auprès de laquelle les plus puissants empires font petite figure », comme s'exprimait naguère une plume *protestante* ! Nos jeunes gens auraient ainsi un point d'appui solide contre les contempteurs de l'idée de religion et de l'idée de patrie.

Et je concevrais des leçons de littérature comme ces admirables narrations que faisait, il y a cinquante ans, à ses apprentis, M. Maurice Maignen, récits réels, pris sur le vif de la vie de l'ouvrier, refaits avec son âme de littérateur et d'artiste, dits avec son cœur. Les apprentis les rédigeaient dans des cahiers qui existent encore. En finissant de les lire, on a les larmes aux yeux et on se sent meilleur. Voilà un exercice de penser exquis. Faire repenser sa propre vie pour en dégager une leçon morale de la plus haute portée, je ne connais pas de cours de littérature qui vaille celui-là.

Pour que l'ouvrier sache penser, apprenons-lui aussi à écrire et à parler. Pour cela, laissons du jeu à son initiative personnelle; qu'il ne se croie pas astreint à penser sur recette; qu'il ne craigne pas de nous dire ses idées : nous les lui mettrons au clair, après. L'enfant aux lisières n'apprend point à se tenir. Car il faut bien que parmi nos jeunes gens on sache aujourd'hui rédiger un compte rendu, ou prendre la parole dans une réunion, comme font les socialistes, ou comme font si bien les Belges, les Hollandais catholiques — je m'empresse d'ajouter : et déjà beaucoup de Français.

Mais d'ailleurs, ce n'est là que l'initiation générale. Une fois formé, et il se forme vite, l'ouvrier intelligent est capable d'étude passionnée pour les sciences les plus hautes. En Angleterre, dans le curieux mouvement des étudiants d'Oxford et de Cambridge pour mettre l'Université à la portée du peuple, on a vu des auditoires de six cents ouvriers tisseurs ou mineurs écouter avec passion des leçons sur l'astronomie, la chimie, la physiologie végétale, la tragédie grecque ou l'histoire de Florence; beaucoup faisant des travaux écrits, retenant le professeur la moitié de la nuit, quelques-uns ayant parcouru pour venir huit à douze kilomètres. De plus, par dignité, les ouvriers payaient leurs cours.

Et je ne sache pas que l'Anglais se distingue parmi les peuples par son enthousiasme désintéressé pour les pures idées. Cependant, voyez : les mineurs ont aujourd'hui de longs loisirs; or, tandis que les Anglais vont au cours de littérature, les Français vont conspirer avec un socialiste chez le marchand de vin.

Pourquoi donc nos étudiants n'assumeraient-ils pas, eux aussi, la noble tâche de mettre la haute culture intellectuelle, la science, l'art, à la portée du peuple? Mécanisé dans son travail, que l'ouvrier se sente homme dans ses loisirs — comme nos employés des ministères qui alignent des chiffres, mais qui, entre temps, font des vers. Et plus la machine et la division du travail vont réduire l'ouvrier au rôle de manœuvre, plus il deviendra nécessaire de « l'humaniser », en lui montrant à faire œuvre d'homme de son esprit; autrement nous n'en ferons qu'un révolté.

Par contre-coup le métier lui-même en profitera. Nous trouvons déjà çà et là le grand atelier de l'avenir : supposons-le de reliure. L'œuvre habile y est dévolue à la machine; l'homme la surveille ou répète sans fin quelque détail préparatoire. Point d'apprentissage : un boulanger ou un maçon y entre de plain-pied. Il y a des postes de choix pourtant parmi ce millier d'ouvriers. Or celui-là seul y pourra prétendre qui par sa culture générale se sera façonné une intelligence dégourdie. Ceci nous amène au deuxième point.

∴

Après l'homme, il faut former l'ouvrier.

Non moins nécessaire, en effet, que l'instruction générale, se trouve être pour le travailleur l'instruction technique; j'entends, non pas la pratique de l'atelier, mais un cours, une théorie venant compléter cette pratique.

Car, plus encore que la vie ordinaire, la vie industrielle s'est transformée. Autrefois on enseignait à l'artisan un art, c'est-à-dire des procédés mécaniques nés d'une longue expérience : on a tâtonné deux cents ans autour de nos cathédrales pour rencontrer la forme rationnelle de l'arc-boutant.

Aujourd'hui, toute industrie, tout métier, toute pratique, devient l'application d'une théorie, d'une science rigoureuse. Il n'y a pas jusqu'à la pratique du bien qui ne soit tributaire de la science; vous n'oseriez plus installer un hôpital au mépris des lois de l'hygiène.

Ce caractère de précision scientifique qui donne à l'industrie d'agir à coup sûr, économise des efforts et permet une concurrence serrée. L'empirisme fait faillite devant l'exploitation scientifique. L'instruction devient ainsi une question vitale nationale.

Si le paysan français doit résister à la concurrence, apprenez-lui vite à substituer à sa culture routinière, qui est un gaspillage, une culture rationnelle. Faites-lui des conférences pour lui apprendre à connaître ses terrains, à les utiliser en tenant compte de la statistique commerciale, au lieu de s'obstiner à des plantations qui ne rendent plus. Qu'il n'ignore même pas ce qui est vraiment acquis des études de Vincennes ou de Grignon.

Si l'ouvrier français doit garder sa supériorité, donnez-lui une pratique intelligente. Et puisque tout métier a aujourd'hui sa théorie, qu'il la sache; qu'il devienne ainsi apte à perfectionner lui-même son métier, à inventer et à créer.

Ce besoin est pressant. Les hommes de la partie nous l'assurent. Dans un remarquable rapport du Frère Directeur de Saint-Nicolas, je relève, à côté de son propre témoignage, toute une série de témoignages inquiétants :

« Sur cent ouvriers de l'ébénisterie d'art, il n'y en a pas deux qui sachent lire un plan ou copier un modèle. Il n'y a pas un ouvrier qui puisse composer un meuble. L'armurerie parisienne n'a pas d'école d'apprentissage et est obligée de prendre ses ouvriers en Belgique. A Roubaix, il n'y a pas de dessinateur compétent; les dessins sont commandés à Paris. Dans la céramique, pas un ouvrier réunissant la conception de l'ensemble, l'art du sculpteur et la science nécessaire pour appliquer les procédés nouveaux. A Limoges, l'industrie des faïences est en pleine décadence. La France industrielle a perdu la faculté de créer. On copie, on n'invente pas. L'ouvrier d'élite disparaît. »

En face de cette situation, une concurrence étrangère de voisins qui menacent notre industrie comme déjà ils ont porté atteinte à notre commerce.

Sans doute la baisse du métier a plus d'une cause, et souvent c'est un apprentissage incomplet. Les apprentissages souffrent de la lutte des classes. Le patron y met de l'insouciance, un esprit de lucre; il y a de grands ateliers où toute une partie secondaire est faite par des enfants qu'on continue d'appeler apprentis, quoiqu'ils restent, simples manœuvres, en dehors du métier. Mais la principale menace d'infériorité nous vient du manque d'instruction technique.

Autre point de vue. Si les métiers tiennent aujourd'hui à la science, la plupart tiennent à l'art et sont affaire de goût : mobilier, bâtiment, livre, bijoux. Nous faisons de l'art à la machine; le plus pauvre s'y fournit : le goût public y périra s'il n'est dirigé. Il faut à l'ouvrier une instruction artistique pour former son goût. L'art en effet a subi la même évolution que le métier : l'enseignement empirique n'y suffit plus. Autrefois l'art se développait comme le bon sens, tout d'une venue, chaque époque vivant d'une même pensée qui constituait son style; tout le monde travaillait sur ce thème unique qui ainsi évoluait normalement; l'influence extérieure était rare, lente, facilement assimilée. Aujourd'hui nous avons sous les yeux tous les styles, tous les arts, et pour tirer de cette cacophonie d'impressions obsédantes une harmonie, il nous faut être guidés. Un enseignement *scientifique et critique de l'art* est indispensable désormais à la formation du goût. L'ouvrier d'art ne peut donc plus se contenter de l'atelier; il lui faut en plus des cours, des modèles, des démonstrations.

Sous cet aspect la question d'intérêt national est encore plus inquiétante. Le bon goût était comme le cachet incommunicable de l'industrie française. C'est par l'élégance de ses produits plus que par le reste qu'elle se distinguait. Or, cette supériorité artistique n'est plus aujourd'hui incontestée. L'industrie étrangère a formé son goût à l'école du nôtre, qu'elle a rapidement égalé. Et tandis que pour lutter contre les capitaux supérieurs dont elle dispose nous n'avons que ce capital moral, la valeur artistique de nos ouvriers, il se trouve précisément que cette valeur est en baisse de tous côtés, faute d'instruction et de culture suffisante. Vous venez d'entendre les cris d'alarme des récentes enquêtes.

A l'étranger, voyez avec quel acharnement on travaille! Après qu'on nous a vaincus par le commerce ou par les armes, il s'agit de nous vaincre par l'industrie, par l'art. Allez à Londres au musée de South Kensington! Vous y trouverez, à côté d'une collection incomparable d'art industriel, où tous les trésors de l'Inde ont été amassés, une organisation complète pour le travail : heures privilégiées pour les ouvriers, les dessinateurs; cours et conférences; sociétés d'étude et d'enseignement; enfin une collection de petits manuels illustrés servant de commentaire historique et artistique aux objets exposés : voilà qui s'appelle savoir exploiter un trésor. En Allemagne, le travail intellectuel est énorme; l'enseignement technique est partout. Avec cela, la main-d'œuvre est à un taux inférieur. Le petit Allemand est à l'école jusqu'à quatorze ans; jusqu'à seize, il ne peut être à l'usine qu'un nombre d'heures limité, ce qui appellera, pour compléter la journée, des cours supplémentaires. L'initiative privée ou l'Etat travaillent à les lui procurer. Et en Angleterre, beaucoup d'ateliers finissent chaque jour à cinq heures, et tous ferment le samedi à deux heures : l'ouvrier trouve alors ouverts des bibliothèques et des cours.

L'Allemand — je ne suis pas avec ceux qui nous le donnent en modèle — l'Allemand, enrégimenté dès le berceau, habitué à tout faire par théorie — même la pédagogie — s'applique à l'art industriel comme au reste par études méthodiques : collections, publications populaires, modèles accessibles à toutes les bourses. Voyez les édifices sans nombre que l'Etat multiplie dans tout l'empire, voyez les restaurations de monuments, partout apparaît, je ne dis pas le charme du bon goût, mais la *prétention* de l'art, la correction de la science.

Etudions la science, mais surtout cultivons notre faculté artistique, qui est notre gloire nationale. Mais, hélas! savons-nous seulement estimer nos gloires? Dans les lettres, nous avions une supériorité intellectuelle, le goût littéraire et l'art de la composition : nous avons cru être pratiques en en abandonnant la culture pour la *philologie* scientifique, qui est un vice intellectuel dont les Allemands eux-mêmes gémissent; je crains que nous ne fassions de même pour l'industrie : pourquoi lisons-nous dans des enquêtes officielles que « la sculpture industrielle décline non comme habileté de main, mais sous le rapport du goût et de l'expression »?

∴

Ce point de vue élevé de l'intérêt national nous fait saisir dans toute sa portée la question qui nous occupe. Ainsi s'explique précisément et se justifie cette immense poussée qui se produit autour de nous en faveur de l'instruction populaire.

Et si nous pénétrons un peu dans le monde du travail, nous trouverons la même préoccupation partout.

Les patrons sentent le besoin des procédés scientifiques. La Commission des Patronages reçoit de province lettre sur lettre : serruriers, menuisiers dont les patrons exigent qu'ils apprennent le dessin, la géométrie... que faire? envoyer l'enfant aux cours publics où il se perd, ou perdre son métier?

Les ouvriers pensent comme les patrons. Pour eux, il s'agit d'arriver, de se distinguer, de se rendre nécessaires. C'est la concurrence intérieure, contre-coup de la concurrence patronale. Je ne parle pas des métiers scientifiques, électriciens, mécaniciens des télégraphes, où le besoin de théorie est trop évident; mais dans un métier quelconque, bijoutier ou maçon, si l'ouvrier doit faire son chemin, il lui faut un supplément d'instruction. Nous ne faisons même plus un caporal — je ne dis pas un lieutenant — sans l'avoir au préalable remis à l'école. Autrefois, tout ouvrier de métier arrivait, par l'exercice seul, à donner son chef-d'œuvre et à devenir patron. Aujourd'hui, il ne lui reste qu'une alternative, ou demeurer dans la routine et à son rang, ou, s'il veut avancer, s'instruire.

Sans doute, il y a les écoles. Veut-on alors que tous les dessinateurs d'usine ou les contremaîtres de construction sortent des écoles d'arts et métiers, les patrons ébénistes ou relieurs de l'école Boule ou de l'école Estienne, et créer ainsi des castes en barrant la vie à seize ans? Ce serait là — je le dis pour ceux qui craignent en instruisant de multiplier les déclassés — ce serait le vrai moyen de faire des déclassés. Un ouvrier intelligent qui sent l'avenir fermé devant lui dans son atelier, prend son métier en dégoût et cherche ailleurs. Parmi les employés — qui pullulent en quête d'emploi — il y en a plus d'un de cette sorte. Veut-on, au contraire, que l'ouvrier s'attache à son métier, qu'il y trouve son intérêt, son avenir, qu'il y prenne goût et qu'il l'aime : il faut qu'on lui multiplie les moyens de s'instruire : alors il pourra espérer de s'y faire remarquer, d'y monter en grade par les rangs. Sa vie devient affaire de caractère, d'effort et de bonne volonté. La science ne déclasse que celui qui, l'ayant reçue sans but, n'en trouve pas l'emploi. C'est ainsi qu'autrefois l'instruction, étant rare et inutile, faisait déserter les champs au fils du paysan, tandis qu'aujourd'hui, devenue nécessaire à la culture, elle l'y ramène.

Ce n'est pas tout. L'ouvrier s'aperçoit de bonne heure d'un autre grave danger qui le menace : l'instabilité du métier.

Avec l'évolution permanente et rapide du travail, avec les crises amenées par une découverte scientifique ou un débouché commercial, l'industrie est à la merci de grands à-coups qui font subitement sombrer, parfois au lendemain de l'apprentissage, les métiers qu'on avait crus les meilleurs. Comme il importe dès lors que l'ouvrier reste toujours supérieur à son métier, pour pouvoir, en cas de faillite de son gagne-pain, en trouver un autre !

Plus de gravure de cartes géographiques, sauf à l'Etat-Major, mais la lithographie polychrome ; plus de gravure sur bois, mais la phototypie; plus de ciselure sur métal, mais l'estampage ; plus de dorure à la main, mais la dorure au fer massif, gravé. Plus de culture suburbaine de primeurs en serre, mais l'apport rapide de Nice ou d'Alger. Ces exécutions de métiers s'opèrent sous nos yeux. Arrêté au commencement ou au milieu de sa carrière, l'ouvrier ne trouve son salut que dans le développement intellectuel et les aptitudes supplémentaires qu'il s'est données. A-t-il complété son métier autour de sa spécialité : une spécialité voisine ou un métier analogue le recueilleront. A-t-il une langue vivante, ou le dessin, ou la sténographie : il pourra passer au commerce ou au dessin industriel. Sinon, il tombe au niveau des manœuvres et des portefaix; il va grossir la bohème des chercheurs d'emploi sans aptitude déterminée.

Partout donc et à tous les degrés, la lutte pour la vie appelle le travailleur à s'armer le plus possible et d'intelligence et d'instruction.

Rien d'étonnant que les ouvriers le ressentent vivement. Combien de fois à Paris, où les facilités stimulent les désirs, n'avons-nous pas vu ce désir d'apprendre chez l'ouvrier !

Peut-être, enfant, a-t-il vu un camarade plus favorisé arriver par le raccourci, par les écoles spéciales : il a un métier qui s'y prête; il suivra quelques-uns de ces cours si libéralement multipliés dans la grande ville, et le voilà qui, tout jeune, s'impose comme chef à son patron, ayant complété et au delà, à force de travail, son instruction première.

Ou bien il se sent du talent, il est orfèvre ou dessinateur d'ornements : il suivra les cours du soir à l'école des arts décoratifs, — qui a un excellent directeur, très paternel. — S'il est sérieux, s'il sait résister à la contagion du mal, il deviendra l'ouvrier d'élite qu'il promet d'être.

Comme d'ailleurs il est facile d'intéresser l'ouvrier en lui parlant de son métier ! Technologie, histoire, matière première, usage ultérieur des produits, tout l'attire. Il voudrait en avoir une bibliothèque, un musée, il voudrait visiter des ateliers, des usines, des collections. Il n'est pas rare de rencontrer l'ouvrier curieux qui prend son métier pour point de départ de lectures scientifiques interminables — souvent sans ordre, hélas ! et sans fruit : il n'est pas dirigé.

Car enfin, lui défendrez-vous ce penchant si inné chez l'homme, la curiosité ?

Voici un jeune mécanicien en précision. Il a appris à faire des instruments de géodésie. Un jour, il vous arrive fort intrigué d'un appareil nouveau qu'il vient de finir. C'est grand comme un joujou : une invention récente ; il a pris part aux modifications d'essai, aux perfectionnements. On lui a dit que c'était « pour trouver l'horizon sur mer ». Une sorte de toupie de Foucault enfermée dans une boîte cylindrique où l'on a fait le vide pour supprimer du frottement. Pour mettre en rotation la toupie intérieure, on fait tourner la boîte; puis quand le mouvement est devenu vertigineux, un déclanchement fondé sur l'inertie libère la toupie, qui continue de tourner pendant des heures, réalisant dans son plan de rotation les lois de Foucault. Voilà ce que vous devinez à la description naïve du jeune homme. Son patron ne lui demande que la précision du coup de main. Mais lui-même désire autre chose : il voudrait comprendre, et, comme l'enfant, il briserait volontiers son joujou pour voir ce qu'il y a dedans. Mais, à quoi bon?... Il l'a construit lui-même, pièce à pièce. Ce qu'il y a dedans? c'est l'âme mystérieuse des forces et des lois de la nature... Quelques notions de physique les lui apprendraient. Donnez-les-lui. Vous aurez, n'en doutez pas, un auditeur avide.

Et ne voyez-vous pas qu'en l'instruisant vous l'élevez? Initié, quoique de loin, à la science de l'ingénieur, il se sent maintenant en communication intellectuelle avec lui. Exclu de la richesse, il ne se voit plus interdites les richesses de l'esprit comme par une volonté jalouse qui les aurait confisquées à son détriment. Il est heureux de savoir qu'il peut aller tant que ses forces le porteront, sans barrière du dehors pour l'arrêter. Instruit, il se sent supérieur à son métier, tout en aimant davantage son métier, dont il pénètre le sens et la portée.

S'il est chercheur, il fera des inventions, comme il arrive partout aux ouvriers intelligents. Mais au moins, il ne fera pas comme ce petit patron que j'ai connu et qui a travaillé des années avec son ouvrier pour réaliser le mouvement perpétuel, dans une sorte de roulette d'acier, où tournait un globe de verre. Il était persuadé que, loin de perdre de la vitesse, la boule, à son système, devait en gagner! Il s'y est ruiné, puis il est mort fou. Quelques notions de physique l'en auraient préservé.

∴

Et, pour le jeune ouvrier, l'instruction lui offrira peut-être un nouvel et délicat emploi de ses loisirs et lui épargnera de retomber sur lui-même et de s'affaisser là où bien d'autres ont sombré dans leurs heures d'ennui. Il y en a — d'intelligents et sérieux enfants — qui recherchent les cours du soir dans ce but. Ils se sentent alors grandir : ayant fait œuvre d'initiative et organisé leur temps libre d'une manière sérieuse en vue de l'avenir, ils se sentent une dignité qui oblige, en même temps que leur vie prend l'intérêt grave d'une œuvre à faire qui sollicite et oriente toutes leurs forces vives. C'est la pleine santé de l'esprit au lieu des excitations maladives, artificielles de l'atmosphère des grandes villes.

Songeons à cela, Messieurs, songeons que tout se tient. Nous voulons garder le jeune homme des dangers de la rue et de l'atelier. Nous avons la piété, puis la charité active; mais nous avons aussi la vie sérieuse de l'esprit. A un certain âge, dans certaines familles, l'ouvrier ne reste plus le soir en famille. Un cours sérieux et utile l'attachera plus que les autres distractions, plus même que la préparation d'une pièce de théâtre au patronage. Vous savez la difficulté de garder l'ouvrier au second âge, quand il est adulte et grisé de liberté. Piété, charité, distractions le laissent froid. Un directeur de patronage à Paris, après avoir tout essayé en vain, a organisé des séries de conférences faites par des hommes éminents : il eut la joie de voir revenir, fidèles, des jeunes gens qu'il avait crus perdus.

Ne disons pas que nos forces étant limitées, nous avons assez de cultiver la conscience chrétienne, et, qu'en nous partageant, nous compromettons notre œuvre : or, nous ne pouvons pas, à cet accessoire, l'instruction, sacrifier le principal, l'éducation.

Dieu me garde d'exposer qui que ce soit à un tel préjudice! C'est, au contraire, le divorce des choses qui nous est préjudiciable. Nous ne saurions assez rappeler que tout se tient. S'il faut réagir dans l'industrie contre le divorce entre la main et la tête, il faut réagir en religion contre le divorce entre la piété et la vie. Si, « la vie chrétienne — c'est notre principe — n'est pas la négation, mais la transfiguration de la vie humaine », nous ne pouvons trop pénétrer avec notre foi dans tous les replis de la vie humaine de l'ouvrier. Pour cela, il faut nous y intéresser. Songe-t-on que lorsqu'on demande à l'ouvrier tout son temps libre comme en certains patronages, et qu'il le donne, nous prenons la responsabilité de sa direction et de l'emploi de ce temps, et que, si quelque instruction lui est nécessaire, utile, nous devons y pourvoir, même alors qu'il n'y penserait pas? Songe-t-on que des ouvriers sérieux nous quittent parce que, préoccupés de leur avenir professionnel, ils cherchent l'instruction sans nous? Pourquoi ne les guidons-nous pas, ne les menons-nous pas nous-mêmes là où on peut les instruire? Songe-t-on ce qu'une telle prévoyance — extra-religieuse — aurait pour eux de paternel et de touchant? Songe-t-on enfin que le vieux régime du travail est mort, et qu'entre l'atelier pour s'exercer et le patronage pour prier, il y a tout un monde de préoccupations qui a surgi pour l'ouvrier? Ce monde, le monde de l'industrie savante, des affaires calculées, des idées générales, il le retrouve partout enveloppant son travail, déterminant ses intérêts, inspirant ses projets d'avenir. Si nous laissons ce monde dehors, il y aura divorce entre la vie de l'atelier et la vie du patronage. Ici le jeune homme pieux, religieux, a laissé ses pensées à la porte, mais, le soir, la porte du patronage refermée derrière lui, il retombe pour six jours dans le tourbillon, dans ce monde de préoccupations laborieuses et inquiètes avec lequel nous n'avons voulu établir aucun contact. Il y en a alors qui s'accommodent, ils se façonnent une vie en partie double : chrétiens soumis au patronage, socialistes révoltés à l'atelier.

Je conclus, Messieurs, qu'il est désormais du devoir du directeur de patronage de s'intéresser à l'instruction de l'ouvrier, soit qu'il la lui organise lui-même, soit qu'il veille à la lui faire donner par d'autres.

Tout nous y invite, et notre honneur même. Il faut que notre ouvrier chrétien, qui a un capital moral supérieur, sa conscience et sa bonne volonté, ne se trouve pas avoir le dessous par l'infériorité de son capital intellectuel. Nous serions impardonnables de ne pas faire des ouvriers d'élite.

La cause de Dieu nous le réclame.

Tous ne sont pas appelés à devenir des ouvriers d'élite, mais il faudrait qu'aucune bonne volonté ne fût découragée faute de moyens, et qu'à l'offre des moyens se joignît une sollicitation assez séduisante pour faire germer les bonnes volontés.

II

J'ai ainsi presque répondu, Messieurs, à la seconde question posée au début : « Devons-nous laisser la tâche à d'autres ou l'entreprendre nous-mêmes ? »

J'ai voulu vous donner l'impression que le monde du travail a fait un pas, et que de nouvelles nécessités s'imposent. Tout le monde en est saisi. Tout le monde agit et s'empresse. Dès lors notre tâche est marquée. On ne demande pas si on sera de la manœuvre un jour d'incendie.

Je vous ai laissé entrevoir ce que font d'autres peuples. Chez nous, la variété des efforts qui ont surgi de tous côtés, très rapidement, est prodigieuse, indépendamment de de que nous avons fait nous-mêmes.

L'Etat, la Ville de Paris, d'autres villes, ont multiplié les écoles techniques supérieures : écoles industrielles de toute sorte, écoles agricoles, écoles des arts industriels, écoles supérieures de métiers : Estienne, Boule, Lavoisier, Turgot, vous les connaissez. Les syndicats professionnels en ont fondé d'autres, par exemple les syndicats du livre. Des sociétés spéciales en ont créé à leur tour.

Mais l'école n'est pas accessible à tous. On a donc ouvert près de chaque école des cours gratuits du soir pour les ouvriers, avec des conférences, des bibliothèques. Ainsi à l'école Boule et aux autres de Paris.

Ces *cours d'adultes* sont la forme d'enseignement sur laquelle se porte l'effort présent.

D'abord le gouvernement, reprenant une idée de Duruy, a reconstitué, par le décret du 11 janvier 1895, les cours d'adultes officiels. L'initiative privée est sollicitée, favorisée. Un article 11 porte que « des subventions de l'Etat, ainsi que des concessions de livres et de matériel d'enseignement, pourront être allouées aux *associations d'enseignement* créées en vue d'organiser des cours d'adultes et d'apprentis ». Ceci répondait à un vœu de la Ligue de l'Enseignement, qui devait la première en bénéficier; mais enfin, c'est une promesse impersonnelle. — Et si nous demandions, nous aussi, notre part de ces subventions promises à toute libre initiative ?....

On a ensuite multiplié les cours près des musées, comme aux Arts-et-Métiers.

Les sociétés de l'Etat, par exemple du télégraphe, font des cours à leurs ouvriers, préparant leur avancement.

Les chambres syndicales, de leur côté, ont fondé de divers côtés des cours de métiers. Je cite au hasard :

A Paris, les chambres syndicales patronales du bâtiment ont d'excellents cours, rue de Lutèce; celles de la serrurerie et de la construction métallique, deux centres de cours bien faits. A Saint-Etienne, la Chambre syndicale des *ouvriers* passementiers et tisseurs a fondé des cours de tissage; à Bordeaux, l'Union des chambres syndicales *ouvrières*, des cours de divers métiers.

A Grenoble, un cours de trait de charpente, fondé par les chambres syndicales patronale et ouvrière, avec une commission de trois patrons et de trois ouvriers. Voilà l'introuvable syndicat mixte!

Puis, voici les sociétés diverses de cours ou conférences populaires, sorties de l'initiative privée, puis englobées, la plupart, dans le syndicat de la Ligue de l'Enseignement, qui s'est érigée en office central :

Société pour l'instruction élémentaire, fonctionnant depuis 1865.

Association polytechnique;

Union française de la jeunesse, fondée en 1876, ayant seize sections à Paris en 1890, avec cours de toutes sortes, conférences, promenades-conférences, concours et récompenses.

L'Association philotechnique, fondée en 1848 avec treize cours, en a aujourd'hui quatre cent quarante-deux pour Paris et la banlieue, dont cent quarante-sept d'enseignement commercial, cent cinq d'enseignement industriel, cent cinquante-cinq d'enseignement général. L'enseignement est des plus variés : langues, mathématiques supérieures, notariat, musique, faïences, photographie.

La Société d'enseignement professionnel du Rhône a 6000 élèves dont 1700 pour l'industrie, 1500 pour le commerce.

La Société industrielle d'Amiens, etc.

La Ligue de l'Enseignement — on vous a dit son œuvre néfaste — synthétise tout, surtout les conférences faites autour de l'école et de l'instituteur. Les syndicats restent en dehors.

Voici le bilan de son année 1895-96.

En comptant à son actif tout ce qui se fait en France, sauf dans les œuvres catholiques, elle accuse un total de 14.000 cours d'adultes de trois mois chaque, à trois séances par semaine : en un an le chiffre avait doublé. Auditeurs : 400.000, au début, dont la moitié persévère. Tout a été mis en œuvre pour les amener : visite de l'instituteur aux familles, réunions préparatoires, faveurs aux enfants, aux parents, forme pratique des cours : ainsi, on remarque des cours de construction navale à Saint-Nazaire, des cours pour les mousses par des patrons de barques à Trouville, des cours préparant aux ateliers du port à Brest, des cours de travaux de femmes aux jeunes filles.

Les professeurs sont des professeurs de l'Université ou des écoles techniques, des étudiants, des maîtres répétiteurs et des instituteurs — très peu rétribués, ces derniers, exemple : 365 francs à partager entre 162 pour une année.

Conférences populaires : 61.000, six fois plus que l'année précédente, dont le quart avec projections.

Voici maintenant les revenus :

145.000 francs de dons par souscription dont les instituteurs passaient les listes;

1.150.000 francs votés par les municipalités;

120.000 francs votés par le Parlement, six fois le chiffre de l'an précédent.

Et le rapporteur, M. Petit, concluait à 350.000 francs de subvention de l'État pour l'année présente, et bientôt au million.

Or, si l'on additionne dans le budget les diverses sommes affectées à l'ensemble de l'œuvre sous divers titres, il semble que le million est déjà dépassé.

En s'arrogeant l'hégémonie de l'enseignement populaire; en cherchant à confondre son action avec celle des pouvoirs publics, la Ligue se constitue force contre laquelle l'initiative privée semble impuissante, surtout quand on compte les faveurs officielles, les locaux de l'Etat, école ou mairie, les instruments de projection gratuits, les bibliothèques où l'ouvrier trouve à consulter livres, albums, documents utiles à son métier, enfin les avantages matériels de toute sorte inventés autour de l'école pour les enfants, pour les parents. Le père souvent si durement pressé par les nécessités matérielles, a peine à résister à de tels attraits. D'autant plus qu'on professe toujours officiellement la tolérance, et que, si quelque intention perverse intervient, elle se dissimule. Il se dit qu'après tout on instruit son enfant, qu'on s'occupe de le placer, qu'on lui rend d'importants services.

C'est une machine formidable qui utilise toute la masse des ressources de l'Etat et va saisir l'ouvrier par tout ce qui le touche le plus, intérêt, besoin, plaisir, désir du progrès, amour de ses enfants.

∴

Comment lutter contre cela? « Lutter contre cela », serait peut-être mal poser la question. Tout cela n'est pas homogène, ni tout condamnable, ni consolidé. Il faut veiller et agir, non s'apeurer et gémir. On s'évertue à reformer contre nous un de ces « blocs » dont nous avons maintenant l'habitude. D'abord, ne nous y laissons plus prendre. N'assumons pas le discrédit d'une erreur : on abuse du bien pour glisser le mal.

En effet, il faut bien faire une distinction, et rendre justice à ce qu'ont de légitime et de louable tous ces efforts. Ne nous méfions pas en bloc — comme nous en pourrions être tentés — de toutes les choses qu'on tourne abusivement contre nous : la science, l'instruction répandue dans le peuple, l'iniative donnée au peuple, le désir sincère de le moraliser. Ce sont d'excellentes choses, ce sont des forces. S'il y a abus, distinguons l'usage, montrons nous-mêmes l'usage légitime. Qu'à nos palais scolaires soit attachée pour nous, catholiques, une tristesse, certes, cela est légitime; mais si nous nous mettons devant les palais scolaires de nos voisins d'outre Rhin et l'immense effort, plus grand que le nôtre, qui s'y est produit depuis une génération, pour répandre l'instruction dans les masses — et dont les catholiques ont su admirablement faire leur profit — alors, de là-bas, nous saurons gré à notre pays d'avoir fait, lui aussi, en dépit de l'intention qui l'a vicié, un grand effort.

Il y a donc d'une part le vaste mouvement pour l'instruction populaire, dont nous sommes aussi, et une infinité de braves gens qui n'ont jamais pensé à la franc-maçonnerie.

Et lorsque M. Bourgeois, dans ses éloquentes homélies, prêche si bien l'éducation de la volonté, le don de soi, les petits sacrifices, « les plus crucifiants »; et quand d'autres voix redisent le vif souci d'intéresser l'adolescent à une occupation sérieuse pour l'arracher aux tentations mauvaises, ils ne nous contredisent pas, puisqu'ils nous citent, et ils ont encore une foule de collaborateurs neutres qui veulent ce bien et non servir une secte.

Et c'est toujours — habilement — par ces seuls côtés vrais et justes qu'on présente la cause au peuple.

Puis, d'autre part, il y a l'idée anti-chrétienne au profit de laquelle on voudrait confisquer tout ce mouvement. Car c'est dans cette masse de personnes et de choses neutres et bonnes que quelques-uns, tantôt ministres tantôt particuliers, comme les chefs actuels de la Ligue de l'Enseignement, travaillent à introduire leur esprit sectaire que la franc-maçonnerie patronne : une religion de la Raison et une morale sans autre objet, sans autre Dieu, sans autre destinée, que l'humanité ; et ils espèrent mettre la puissance de cette masse au service de cet esprit.

C'est contre cet esprit que, de toute notre âme, nous défendons le nôtre, car garder et défendre notre foi n'est que le légitime usage de notre droit et de notre liberté.

Mais la lutte des deux esprits n'est pas engagée partout de même. Il n'est pas dit que l'instituteur sera toujours athée ou hostile, ni les sociétés d'enseignement, encore moins les syndicats, encore moins le peuple.

Et c'est précisément ce qui explique que la conspiration anti-chrétienne s'ourdisse presque toujours derrière une façade officielle de neutralité ; qu'un très grand nombre des œuvres d'initiative privée soient en effet neutres, inclinant dans un sens ou dans un autre selon l'influence dominante de tels ou tels hommes ; qu'enfin des catholiques, pris au piège d'un programme philanthropique, donnent parfois leur souscription à une entreprise que l'esprit sectaire a accaparée, comme la Ligue de l'Enseignement.

Nous savons avec quels constants efforts cet esprit sectaire a travaillé à la dérobée derrière des mots : liberté, c'était oppression ; laïque, c'était anticatholique ; cléricalisme, c'était catholicisme ; neutralité, c'était interdiction de toute foi au surnaturel ; éducation nationale de l'âme d'un peuple, c'était rationalisme imposé comme religion d'Etat à l'âme d'un peuple.

Mais ceux qui font et refont ce rêve et cette entreprise ne sont pas le peuple. Les francs-maçons sont vingt-quatre mille sur neuf millions et demi d'électeurs.

Mais alors, notre premier devoir est de reposer nettement les questions au nom des principes mêmes qu'on proclame ; liberté, neutralité, respect de toutes les croyances.

Faisons rendre à ces formules, qui seules trouvent accès auprès de la nation, leur sens sincère. Obligeons à parler et à agir franchement. Libérons les consciences droites. Qu'on ne puisse pas en même temps exprimer en public son étonnement que « le pape lui-même, *trompé par de mauvais conseillers*, ait condamné l'œuvre de la Ligue[1] », tandis qu'en audience privée on a donné la Ligue à la franc-maçonnerie, et qu'on prépare le prône laïque du dimanche à l'école.

1. *La Ligue de l'Enseignement*, opuscule, page 34 (librairie de la France scolaire).

Notre devoir est aussi de défendre les nôtres — et les neutres — contre toute surprise.

Veillons et avertissons. C'est notre droit que personne ne soit trompé. Qu'il ne puisse pas arriver, comme dans une ville catholique de l'Est, que trois francs-maçons, sous le couvert de cette bonne œuvre, l'enseignement populaire, obtiennent par surprise le concours et les souscriptions de tous, sauf à s'en faire après une machine électorale. La population s'en avisa tard, au dernier moment, reprit ses fonds et mit les intrus dehors. On se serait épargné la guerre en veillant.

Ensuite, sachons utiliser *toutes* nos ressources. Ces forces neutres dont les autres s'emparent, ne les oublions pas. Souvent, respectées dans leur neutralité, elles pourraient travailler côte à côte avec nous contre l'esprit sectaire. En outre, quelque idéal qu'il y ait à désirer et à préparer pour l'avenir, sachons bien user du présent. Ne négligeons pas ces écoles et ces *instituteurs* laïques. Laïques, ils le doivent être, mais non athées, non gagnés à une secte : ils appartiennent à la France, c'est-à-dire à nous. Dans cet enseignement officiel pourquoi abandonnons-nous les hommes — et les places — à d'autres ?... Pourquoi la position des autres est-elle faite parfois de nos désertions ?

Pourquoi, après avoir fait nos citadelles libres, fermées, ne savons-nous pas redescendre dans la plaine et combattre pied à pied ? Ne négligeons pas les *enfants* de l'école laïque. Ils sont chrétiens. Le curé est bien obligé de se dire : De ceux-là aussi je suis le pasteur.

Ne négligeons pas les sociétés libres d'enseignement, les syndicats professionnels quand ils n'ont rien de sectaire. Ne les laissons pas prendre subrepticement par l'ennemi, comme il est arrivé pour des syndicats ruraux fondés par des catholiques. La Ligue elle-même n'a-t-elle pas changé d'esprit ?

Enfin, dans les campagnes où il n'y a qu'une école, pourquoi l'initiative des cours ne serait-elle pas prise par l'un de nous, d'accord avec l'instituteur ? Il ne tiendrait qu'à nous de la faire respectueuse de toute conscience sincère.

Je vais plus loin. Pourquoi, par une sorte de timidité soupçonneuse, craindrions-nous tout rapport avec ce qui n'est pas nos œuvres propres, avec certains cours publics d'ailleurs très bien faits, et certains professeurs, d'ailleurs honorables, dévoués, et d'une neutralité parfaite ? Si quelqu'un de nos ouvriers en avait besoin, si nous n'avions pas l'équivalent à lui offrir, alors au lieu de l'abandonner à lui-même pourquoi ne pas le suivre, prendre les devants, le recommander au maître ? Celui-ci nous ferait un excellent accueil et nous lui ferions peut-être du bien. Je suppose un ouvrier formé, comme il doit l'être, à se conduire et à se garder.

Voilà, même en dehors de nos œuvres anciennes, une grande variété d'action. Et, puisqu'il s'agit d'une question de tactique générale, souvenons-nous qu'il y a un nombre indéfini de types d'œuvres : il y aurait préjudice à recommander un type unique. Dans l'industrie des âmes, il faudrait, comme dans celle des soieries, savoir reprendre et manufacturer même les déchets.

Mais ne nous contentons pas de nous défendre pied à pied ; multiplions surtout, nous aussi, les fondations de l'initiative catholique. La lutte morale n'est pas une extermination armée qui brise les volontés, mais une émulation qui les gagne. Le monde appartient à celui qui fait mieux. Elevons mieux; instruisons mieux : les parents bientôt ne s'y méprendront point.

Pénétrons-nous des procédés qu'on nous oppose; ne négligeons pas de former l'homme, simplement homme : nos adversaires ne connaissent que cela et vont s'y concentrer.

Ils se préoccupent d'abord de la formation de la volonté. Ils vont mettre en cela toute leur morale. Travaillons nous aussi à former des caractères, des hommes d'initiative et d'action. Les Anglais — je n'ai garde de les tenir pour l'idéal, — nous apprennent combien sur ce point il reste en France à faire. Comme les autres, utilisons à cette fin les goûts sérieux et le désir de s'instruire que nous trouverons chez nos enfants. Le labeur est sain pour l'âme. Stimulons leur activité sérieuse, et ils se garderont eux-mêmes au grand air plus facilement que ne feraient nos abris et nos précautions. Le soldat en marche ne prend pas les fièvres : la vitalité exaltée le défend. On nous reproche que nos écoles fermées, gardant trop, n'arment pas assez pour la lutte en pleine vie. Fut-elle malveillante, toute critique, instruit... Elevons en serre des boutures précieuses que nous entourerons de nos soins, fleurs exquises que nous mettrons en bordure pour les rentrer en hiver. Mais ayons surtout beaucoup d'arbres de plein vent et des graminées vivaces : c'est toujours le fond des parcs et des jardins.

Pour former l'homme, nos adversaires cultivent ensuite l'intelligence. De notre côté, renouvelons, développons nos œuvres d'instruction ouvrière.

∴

Qu'avons-nous fait, sur ce point, que reste-t-il à faire ?

Pour l'enseignement du travail nous avons principalement nos écoles, déjà anciennes, et dont quelques-unes par leur caractère à la fois scientifique et pratique, défient toute concurrence. Vous les connaissez : écoles industrielles, commerciales, agricoles, des Frères des Ecoles chrétiennes, à Paris, Lyon, Saint-Etienne, Beauvais ; cours professionnels en divers centres manufacturiers, ateliers-écoles des religieux Salésiens ou du P. Forbes.

Multiplions nos écoles ; pour l'enseignement technique supérieur, rien ne peut les remplacer.

Mais l'école d'apprentissage sera toujours l'exception. La grande foule reste dehors. D'ailleurs, s'il s'agit d'internat, il n'est pas normal de se passer de la famille dans l'éducation et l'on ne s'y résigne jamais sans préjudice.

Pour cette grande foule des apprentis, il y a les cours du soir des patronages — restés généraux et peu développés. Normalement cet apprenti externe devrait trouver autant de cours théoriques qu'en a l'interne dans les écoles. Si nous les jugeons utiles d'un côté, nous devons les juger tels de l'autre. Il y a une difficulté : l'interne de Saint-Nicolas n'a que huit heures d'atelier, l'ouvrier des villes en a dix, donc il devra veiller pour s'instruire.

Mais nous savons que cela n'arrête point le bon ouvrier, le seul ici en question.

Nous avons encore d'excellents commencements de choses : des comités de conférences populaires qui ont un plein succès, des comités de cours du soir dont M. de Vorges, il y a six ans, a été l'initiateur ; des syndicats de patrons catholiques qui entreprennent un enseignement professionnel, comme l'Union des syndicats fraternels des bâtiments du département de la Seine.

Pour l'agriculture, une œuvre toute récente, fondée en 1892, mais de premier ordre par sa portée et son rapide développement, est celle des Frères de Ploërmel. Encouragés par la Société des Agriculteurs de France, ils ont répandu dans toute la Bretagne l'enseignement agricole par l'école primaire : un manuel de quarante-deux leçons est donné aux enfants, commenté par le maître et complété par des heures de stage chez un cultivateur habile du pays. Des concours, des certificats, des récompenses aux maîtres, stimulent le travail. L'an dernier, quatorze instituteurs laïques ont pris part au concours. Les Sœurs de Saint-Vincent-de-Paul vont introduire de même l'enseignement domestique dans leurs écoles. Et la Société des Agriculteurs travaille à étendre le système à d'autres provinces. Il faudrait l'étendre partout.

Mais ce n'est là ni tout ce que nous pouvons ni tout ce que nous devons. Si nos œuvres d'éducation, nos patronages se sont multipliés sans nombre, l'instruction qui s'y donne n'est guère sortie des vieux cadres. Ceux qui travaillent contre nous ont une forte avance.

Pourquoi l'ont-ils ? Pourquoi les catholiques ne prendraient-ils pas l'initiative des innovations désirables comme ont fait les Frères de Ploërmel ? Pourquoi ne seraient-ils pas les premiers à s'apercevoir des progrès à réaliser des lacunes à combler dans la vie ouvrière ou dans sa prépartaion technique ? Qu'ils regardent autour d'eux et au besoin autour de nos frontières : les idées abondent.

Nous avons hésité : peut-être occupés ailleurs, peut-être trop portés à nous méfier en bloc des choses elles-mêmes dès que d'autres s'en servent contre nous. Sans doute c'était aussi la crainte d'altérer la forme de nos œuvres, l'habitude, une appréhension de l'inconnu... Peut-être enfin le regret de formes perdues nous a-t-il empêchés plus d'une fois de concevoir et de créer les formes nouvelles qui pouvaient tirer parti d'un autre état de choses ; nous n'avons pas su nous retourner prestement.

Pour la forme à donner à l'enseignement dans les patronages, il y a les cours, les conférences, les bibliothèques, les visites techniques.

Le cours est l'enseignement sérieux, parce qu'il offre une suite. Limité à un trimestre ou à moins, le cours parfois réussira mieux. Il appelle pour complément travaux écrits, discussions orales, concours, prix, diplôme.

La conférence, sujet isolé, stimule ou explique ou vulgarise l'enseignement. Il y a tant de points d'interrogation dans l'âme du peuple !

Nos bibliothèques ont besoin d'être révisées et complétées au point de vue scientifique et technique. A nos ouvriers grands liseurs, pourquoi, après leur avoir préparé des lectures sur leur métier ou quelque autre sujet, ne leur demanderions-nous pas de faire une conférence à leurs camarades? Rien n'est plus attrayant pour tous.

La visite aux ateliers, aux collections, complète l'enseignement d'une façon si heureuse que nous ne devrions pas en laisser la spécialité aux autres. C'est la leçon de choses indispensable à certains cours techniques. Ne refusons pas aux ouvriers ce que nous procurons à nos étudiants ingénieurs, naturalistes, sociologues : les excursions d'études.

L'enseignement par les yeux, projections, documents, est devenu d'ailleurs une habitude, une nécessité. Certains patronages ont déjà de vrais musées, comme aujourd'hui toutes les écoles. Certains autres, par contre, enseignent la géographie sans cartes!

Comment enfin installer les cours?

Il suffit d'étendre, de répéter partout ce qui déjà se fait.

Que chaque patronage ait ses cours, ses conférences. Mais il faut distinguer :

L'enseignement *général* peut réunir tous les enfants : les auditeurs ne manqueront pas. Il ne reste qu'à trouver, s'il y a lieu, quelque cours supérieur pour les grands.

L'enseignement *technique* rencontre un obstacle dans la variété des métiers, d'où le fractionnement d'un nombre d'enfants déjà restreint.

Cet obstacle n'existe pas toujours. Il y a des maisons homogènes. Le type idéal est le syndicat des employés de commerce, rue des Petits-Carreaux. Aussi les Frères y ont-ils une vraie encyclopédie de cours commerciaux.

A Paris, bien des quartiers ont leur métier dominant. Un directeur intelligent et zélé tire parti de tout. A Notre-Dame-de-Grâce, dans le quartier industriel de Grenelle, le comité de M. de Vorges a sa plus ancienne école : il y a entre autres des cours de dessin, de menuiserie, de mécanique, d'électricité. Les professeurs sont des contre-maîtres d'usine, anciens du patronage, ce qui assure le caractère pratique de l'enseignement. Un musée de modèles en bois de tous les genres de moteurs électriques le complète. Aussi est-ce au patronage que les chefs d'usine viennent à présent demander les bons ouvriers.

Aux œuvres de Plaisance, il a été fondé un syndicat de production pour la serrurerie et la charpente métallique. Le chef de l'atelier enseigne le soir au patronage le cours qu'il avait antérieurement professé à l'école d'une chambre syndicale, cours complet qui initie en trois ans à toutes les parties du métier, et prépare à devenir contre-maître, métreur, entrepreneur ou patron. Il y a là un type nouveau d'atelier-école très intéressant.

Félicitons l'œuvre de Plaisance pour avoir la première installé cette année — parmi ses multiples créations — une école ménagère. C'est une chose indispensable pour la famille ouvrière, où elle assure l'ordre, le bien-être et l'honnêteté. Nous sommes en tête, cette fois, car les cours laïques aux femmes n'ont pas encore abordé ce chapitre cette année; mais on y songe. A l'étranger, nous sommes devancés partout, et depuis longtemps. En Belgique, toute école ménagère est subventionnée par l'Etat. Au centre des œuvres créées à Mulhouse par le curé de la cité ouvrière, M. Cetty, vous trouvez également l'école ménagère. Une chose analogue à faire, ce serait de songer aux conférences d'hygiène, qui feraient disparaître du logement, du vêtement, de la table de l'ouvrier, la vieille et souvent malsaine routine.

Tous ces exemples peuvent être imités.

Mais souvent on n'aura pas un nombre suffisant d'auditeurs. C'était le cas à Tours. Alors, la Commission syndiquée des patronages de la ville a résolu d'ouvrir un cours de dessin unique et commun : l'essai a réussi. Il représente évidemment la solution nécessaire pour les enseignements techniques spéciaux et importants.

Pour que de tels cours réussissent, il les faudrait remarquables, avec des maîtres choisis, comme dans les sociétés d'enseignement où ce sont des professeurs, des spécialistes, des patrons. Nous trouverions le concours de patrons chrétiens; le zèle inépuisable des Frères des Ecoles chrétiennes ne se soustrairait pas certainement à ce surcroît de fatigues.

Qui organisera ces cours communs à plusieurs patronages? Messieurs, c'est une *question* que je vous pose ici.

Trois solutions se présentent — et une quatrième.

1° Les patronages s'entendent entre eux : soit à plusieurs, comme à Tours, soit tous ensemble; en ce dernier cas, ce serait une sorte de syndicat ou office central, comme la Ligue de l'Enseignement veut l'être.

2° Les syndicats professionnels : soit de patrons, soit d'ouvriers, soit le syndicat mixte, cet idéal toujours poursuivi, toujours fuyant... Et ne serait-ce pas dans les cours du soir que la rencontre des syndicats séparés pourrait se faire?... Du côté des patrons, rien de plus aisé, le syndicat cette fois ne tirant pas sa valeur du nombre, mais du dévouement.

3° La paroisse. Nos adversaires semblent nous jeter dans cette solution par leur essai de paroisse laïque, avec l'instituteur pour curé. La paroisse est le centre normal d'un groupe complet d'œuvres catholiques : il faut s'en souvenir. Les catholiques allemands prétendent que nous avons perdu du temps et gaspillé des énergies pour avoir méconnu ce point qui fait leur force. Dire la paroisse, ce n'est pas nécessairement dire le curé en personne, encore moins supprimer le concours laïque; les apôtres avaient des diacres, et il y a telle démarche qu'un laïque seul peut faire... L'Allemand est discipliné par instinct; le Français, par caractère, indépendant : il veut bien être conseillé, éclairé par son curé, mais non commandé. Dans les applications de peuple à peuple, il faut toujours tenir compte de ces choses-là.

Voilà les trois solutions. Elles sont différentes, non opposées. Dans les campagnes, elles se ramènent à deux qui peuvent être une : paroisse et syndicat agricole, identifiés si l'on veut.

Dans les villes, les trois solutions peuvent coexister, y compris une quatrième : la Société libre des cours du soir, analogue à celle de M. de Vorges. Elle sera peut-être le terrain neutre où provisoirement on pourrait se rencontrer de partout, en attendant que les forces catholiques s'organisent enfin. Car nous constituons trop souvent en France une forêt vierge, un emmêlement touffu de vitalités, qui, par cela même qu'elles sont vivantes, luttent pour l'existence et finissent malgré elles par se gêner. Or, je ne connais rien de triste comme de voir — alors que le bien ne s'attend à combattre que le mal — qu'au contraire c'est le bien qui parfois se trouve hostile au bien.

Ah ! que nos bonnes intentions arrivent donc à se comprendre de plus en plus ! Nous serrerons alors le réseau de nos œuvres diverses, variées comme les initiatives, et nous ne demanderons plus quelle est la meilleure, car nous aurons compris que, répondant chacune à un besoin, elles sont toutes vivifiantes.

Mais que dis-je ? Cela est fait, puisque nous sommes ici, représentants de toutes les formes d'éducation ouvrière, unis dans une même pensée.

Faisons-nous donc les uns aux autres un mutuel appel. Nous avons tous notre place dans l'entreprise commune : confrères de patronages, religieux, patrons, prêtres, laïques; il n'est pas trop de tous les efforts. Que dans cette question de l'enseignement populaire, les catholiques soient unis, d'intention et d'action.

C'est la jeunesse, la jeunesse des hautes études qui prendra la part active de la tâche. Ceux qui ne se sentent pas portés vers l'apostolat de l'éducation, se feront missionnaires pour l'instruction populaire, comme les fellows d'Oxford ou de Cambridge; d'autres, par la plume, feront un mouvement d'opinion. Tout cela est commencé vivement et n'a qu'à progresser. Il y a déjà des bandes de conférenciers ; qu'il y en ait pour entreprendre des cours, par séries de six ou douze, comme en Angleterre, soignés, parfaitement préparés, avec un *syllabus* ou sommaire autographié aux mains des auditeurs, et un devoir écrit — je ne donne qu'un exemple. Là-bas, par ce mouvement, les sympathies populaires sont revenues à ces rigides et aristocratiques Universités. Nous, nous avons mieux que nos Universités à réconcilier avec les sympathies populaires.

Vous êtes à la tête de cette jeunesse des hautes études, Monseigneur; voilà pourquoi vous présidez à la tête de cette assemblée; l'une et l'autre attendent de vous les plus efficaces encouragements.

Il suffit d'ailleurs que nous ayons compris et voulu. Une fois persuadés qu'il faut faire une chose, les ressources du dévouement nous ont-elles jamais manqué ? Les catholiques de France qui, en ce siècle seulement, ont vu surgir, innombrables, les créations nouvelles de l'assistance chrétienne — chaque besoin nouveau créant aussitôt son remède — sauront répondre à ce nouveau besoin du peuple : la faim de l'intelligence, et montreront, demain comme hier, qu'ils ont dans leur foi la source, la seule intarissable, de la vraie Charité. (*Applaudissements prolongés.*)

Mgr Péchenard félicite vivement le rapporteur. Il croit se faire l'interprète de l'assistance en adressant ses remerciements à M. l'abbé Ackermann pour les renseignements intéressants et les idées pratiques qu'il vient d'exposer sous la forme la plus agréable, dans un rapport si bien écrit.

M. Rondelet. — Je crois que l'une des principales questions dont il faut s'occuper pour les cours du soir, c'est celle des élèves. En Allemagne, jusqu'à l'âge de seize ans, les enfants ne sont tenus que dans une certaine limite de temps dans les ateliers, dans les usines, dans les maisons de commerce. Ils peuvent disposer le soir d'un certain temps pour perfectionner leur éducation. Il faudrait arriver à faire un mouvement d'opinion dans ce sens auprès de nos patrons chrétiens, par certaines démarches individuelles faites par les directeurs des patronages; je suis persuadé que les patrons ne demanderaient pas mieux que de participer à ce mouvement qui leur serait avantageux ainsi qu'à leurs apprentis. Si Messieurs les curés de Paris pouvaient insister auprès des patrons pour qu'ils favorisent, par leur surveillance, l'assistance de leurs apprentis aux cours du soir, je crois qu'on arriverait à avoir plus d'élèves.

Mgr Péchenard. — Un très grand nombre d'employés dans les magasins de Paris ne peuvent jamais sortir, notamment les ouvriers boulangers, charcutiers, pâtissiers.

M. Ackermann. — On commencerait par certaines industries. La loi protège l'apprenti. On pourrait donc obtenir quelque chose par les inspecteurs du travail. Mais les inspecteurs officiels sont des instruments du gouvernement. Il faudrait créer des inspecteurs à nous : la conscience des autres trouverait dans ce contrôle public une défense et une protection.

M. l'abbé Rassat. — Il est souvent bien difficile d'établir des cours dans les patronages de la banlieue, à cause de l'heure tardive à laquelle rentrent les apprentis. Ainsi, au patronage de Clichy, j'ai beaucoup d'enfants qui viennent dans ce quartier-ci, dans le quartier Saint-Sulpice; quittant leur atelier vers six ou sept heures, ils ne rentrent que vers huit heures et demie; le temps de prendre leur repas et de se rendre au cours du soir, il est trop tard. Il y a là de grandes difficultés; il faudrait alors demander aux patrons que les enfants viennent plus tôt à l'atelier pour que la durée du travail journalier soit la même; mais les enfants ne peuvent quitter la banlieue avant six heures et demie. Il y a un autre inconvénient : c'est le nombre des élèves. Dans les cours de la ville, j'ai vu, au commencement d'un cours, près de 150 élèves, et à la fin, le nombre était singulièrement diminué! Dans un cours d'anglais, sur 20 élèves au début, il en restait *1* pour terminer l'année.

Mgr Péchenard donne la parole à **M. le comte de Vorges,** ministre plénipotentiaire, fondateur de l'œuvre des cours du soir :

Rapport de M. le comte de Vorges

PRÉSIDENT DE L'ŒUVRE DES COURS DU SOIR

Monseigneur,
Messieurs,

Je ne veux pas revenir sur les considérations si bien développées par M. l'abbé Ackermann au sujet de la nécessité d'un enseignement professionnel dans les patronages. Je veux simplement vous exposer ce qu'ont fait et ce que font encore quelques hommes d'œuvres pour pourvoir à ces besoins.

Il y a huit ans environ, nous avons été frappés de l'immense développement qu'ont pris depuis vingt ans les écoles d'adultes dans les mairies et les écoles communales. Grâce à l'appui des municipalités et du gouvernement qui les subventionnent et leur fournissent le local, grâce au zèle empressé des fonctionnaires de tout ordre de l'enseignement public, qui savent qu'enseigner dans ces écoles d'adultes, c'est se donner droit aux faveurs ministérielles, il n'y a pour ainsi dire plus d'école communale à Paris qui n'ait son école du soir. Sans doute, certaines de ces écoles ne vivent qu'en apparence. Il en est où règne peu d'ordre et où l'on apprend rien; d'autres où ces cours n'existent que sur l'affiche; mais il y en a beaucoup qui sont vraiment prospères. Je pourrais citer près d'ici celle de l'Association philotechnique au boulevard Montparnasse, celle du lycée Condorcet, celle de la rue Drouot, etc.

Cette multiplication des écoles du soir, est-elle un bien? Je n'hésite pas à dire en principe qu'elle est un bien. Elle répond à une véritable nécessité que démontre le nombre des jeunes gens qui s'empressent d'en profiter. Malheureusement, toutes ces écoles sont inspirées par une même pensée, neutralité religieuse, et vous savez assez ce que veut dire ici neutralité : ce n'est pas l'abstention respectueuse vis-à-vis de sujets que l'on n'a pas mission d'enseigner, c'est l'abstention dédaigneuse qui fait silence pour faire oublier. Il est notoire du reste que les associations qui président à cet enseignement sont tombées complètement sous la direction de la franc-maçonnerie.

Que trouvons-nous chez les catholiques à opposer à ces efforts gigantesques? — Oh! bien peu de chose, c'est un point qui parait avoir été complètement oublié dans les préoccupations de la défense religieuse. Il est cependant très important. Comme nous le disait le docteur Michaux, l'autre jour, à la Société d'éducation, de quatorze à vingt ans, il y a une période où le jeune homme est encore très malléable. Si à cet âge on abandonne les jeunes gens à eux-mêmes, on risque de perdre, pour les deux tiers au moins, le bénéfice de l'éducation religieuse dans l'école primaire, dont la conservation nous a coûté tant d'efforts. Pour éviter ce mal on a déjà établi les patronages. Sur ce point, nous sommes sans rivaux; nos adversaires essaient de nous imiter; ils n'y réussiront pas, par la seule raison qu'ils veulent l'âme de l'enfant, mais ils ne l'aiment pas tant que nous; nous aimons l'enfant et l'enfant le sait.

Ce sont les catholiques, ce sont les Frères des Écoles chrétiennes qui avaient créé les écoles d'adultes et qui pendant un demi-siècle les on développées avec un immense succès. Malheureusement, après la guerre de 1870, ils n'ont pu reprendre cette œuvre; ils sont trop absorbés par les nouveaux programmes imposés aux écoles primaires. Leur abstention forcée, et bien regrettable, a laissé une lacune énorme. On a bien fondé quelques écoles professionnelles, celle par exemple de l'avenue Saint-Ouen; mais ces écoles ne servent qu'aux jeunes gens qui peuvent sacrifier deux années et les consacrer à leur instruction. Pour l'ouvrier, obligé de travailler dès la sortie de l'école primaire, il n'existe aucun cours. Je ne connais que le patronage de Nazareth, soutenu par notre ami M. P. Lerolle, où l'on ait établi d'une manière régulière un cours d'enseignement assez complet, et l'école des Frères de Saint-Roch, soutenue par la famille Bournet-Aubertot.

Dans les autres patronages on ne trouvait guère, à l'époque qui nous occupe, que des cours de dessin, encore n'étaient-ils pas toujours réguliers.

En présence de cette situation, quelques hommes, appartenant pour la plupart à l'Institut catholique, je pourrais nommer MM. Merveilleux du Vignaux, de Lapparent, Terrat, J. Chobert, Lerolle, le baron Cochin, le chanoine Connelly, Vassard, etc., et le très regretté Claudio Jannet, ont cru qu'il y avait quelque chose à tenter. Nous avons cherché les moyens de pourvoir à l'enseignement du peuple avec le moins de frais possible, le budget des catholiques étant déjà fort surchargé. Nous avons pensé que nous pourrions imiter l'exemple de nos adversaires, et nous avons adopté le principe de l'enseignement gratuit donné gratuitement. Ce que les fonctionnaires de l'enseignement public font pour avoir un ruban, est-ce que les catholiques ne voudraient pas le faire pour la cause de Dieu, pour le bien de leurs frères moins fortunés? On dit que dans le véritable esprit chrétien, le riche doit se considérer comme le dispensateur de ses richesses vis-à-vis des pauvres. Est-ce que l'homme d'instruction et de loisir ne doit pas se considérer comme le dispensateur des lumières qu'il possède à ceux qui en sont dépourvus? Dieu n'a pas fait les riches et les savants pour leur utilité particulière; il les a faits pour le bien de leurs inférieurs. Vivre dans une jouissance égoïste de ses avantages, c'est troubler l'ordre providentiel et manquer à son devoir social, et, vous le savez, le temps n'est plus où l'on puisse manquer à ce devoir impunément et sans exposer les classes élevées aux plus terribles représailles.

Nous avons donc compté sur les professeurs chrétiens, sur la jeunesse catholique des écoles, spécialement sur ceux qu'avait formé l'Institut catholique.

Pour les locaux, nous comptions emprunter les locaux des patronages ou des écoles primaires. Il ne nous restait alors d'autres frais que le matériel, modèles de dessin, chauffage et éclairage.

Notre enseignement devait comprendre toutes les matières exigées par les besoins de la jeunesse ouvrière, particulièrement le dessin, qui est fondamental dans les œuvres de ce genre, l'histoire et la littérature, qui donnent l'occasion de réformer une foule de notions fausses trop répandues dans les masses.

Enfin, nous admîmes en principe de ne pas nous borner à enseigner les enfants des patronages, mais à appeler tout le monde par des affiches. Nous espérions attirer ainsi non seulement les enfants déjà formés aux idées religieuses, mais tant d'autres trop indifférents pour entrer dans un patronage purement religieux, qu'attirerait cependant l'utilité de l'enseignement donné. Nous n'y mettions qu'une condition, qu'on observât l'ordre de la maison.

Qui sait si ces enfants, une fois entrés par cette porte bâtarde, ne seraient pas ensuite entraînés à faire partie du vrai patronage, le patronage religieux? Je dois dire que plus d'une fois nous avons vu se réaliser cette espérance.

Restait à trouver le régime des écoles nouvelles, que nous avons appelées *écoles chrétiennes du soir*.

Nous ne pouvions songer à former une association. Nous n'aurions pas été autorisés. Nous avons donc adopté le mode d'écoles distinctes et complètement indépendantes. A la tête de chaque école est un directeur. Il a fait à l'Académie une déclaration d'ouverture d'école libre pour l'enseignement secondaire moderne. Nous sommes ainsi sous le régime de la loi de 1850 qui n'exige de titre universitaire que du directeur. Le directeur a tout droit d'organiser l'école à son idée; quand nous nous en occupons, c'est qu'il le demande. Nous l'appuyons aussi d'une modeste subvention.

Voilà le plan que nous avons adopté. Mais l'exécution? direz-vous. Je ne disconviendrai pas que l'exécution nous a occasionné certaines déconvenues. Nous avons eu des échecs, même assez nombreux. Nous n'avons pas trouvé tout d'abord autant de dévouements que nous l'avions espéré. Nos écoles, par suite, nous ont coûté un peu plus cher, et nous n'avons pas pu y réaliser tous les cours que nous aurions souhaités.

Je ne vous entretiendrai pas de toutes les causes d'insuccès. Quelques maladresses commises, quelques mauvaises volontés rencontrées, un point d'opération mal choisi, cela n'a qu'une importance passagère. Mais je vous signalerai la principale cause parce qu'elle est générale. C'est la difficulté d'avoir un homme qui s'occupe spécialement des élèves, un homme habitant le quartier, connaissant les jeunes gens, les attirant aux cours, surveillant ces cours avec sollicitude, y maintenant l'ordre. Partout où nous avons trouvé cet homme, nous avons réussi; partout où il ne s'est pas rencontré, nous avons échoué.

Nous avons rencontré cet homme dans trois patronages, sous la figure de trois Frères de Saint-Vincent-de-Paul, MM. Vinot, Cambier et Le Chevallier. Ces trois hommes, d'un dévouement admirable, ont adopté notre œuvre. Ils ont ajouté à leur fonction de directeur de patronage, cette lourde charge de surveillant, et, pour ainsi parler, de préfet de discipline. Grâce à leur concours, nous avons pu arriver à la fondation de trois écoles : celle de Grenelle, rue de Lourmel, 29, dure depuis six ans avec une moyenne de 150 élèves. Celle de Charonne, 42, rue Planchat, et celle du Gros-Caillou, 9, passage Landrieu, existent la première depuis quatre ans, la seconde depuis deux ans avec 80 à 100 élèves en moyenne.

C'est très peu de chose, très peu de chose pour ce qu'il faudrait à Paris. C'est quelque chose cependant, parce que c'est un exemple. Nous avons créé un type qui montre que l'école chrétienne du soir est possible, qu'elle répond à un besoin, qu'elle est formée d'après un plan pratique et bien conçu dans son ensemble. Pour développer cette œuvre, il ne faut plus que quelque argent et beaucoup de dévouement.

Déjà, les appuis nous arrivent plus abondants. Le Cardinal-Archevêque a approuvé notre œuvre par une lettre que nous gardons précieusement dans nos archives. Le R. P. Tournade la recommandait l'autre jour à la Société d'éducation. Le Cercle catholique d'étudiants nous a fourni des professeurs. L'Association, toute récente, des ingénieurs chrétiens nous a donné son adhésion; nous espérons prochainement celle de l'Association de la jeunesse catholique. Voilà huit ans que nous luttons contre l'indifférence du public, cette indifférence commence à diminuer. On commence à comprendre que tout n'est pas fini quand on a élevé l'enfant à l'école primaire chrétienne. On n'a posé qu'un fondement; et si nous abandonnons l'adolescent avant l'âge d'homme, il est très probable qu'il sera entraîné vers la libre pensée, et tous nos efforts seront perdus.

Un peu d'argent, des jeunes gens dévoués, votre influence, Messieurs, pour nous assurer l'un et l'autre, voilà ce que nous demandons.

La lenteur avec laquelle notre œuvre a marché jusqu'ici ne saurait nous décourager. L'Association polytechnique, aujourd'hui si puissante, a existé trente ans n'ayant qu'une école près de Saint-Germain-l'Auxerrois. Nous attendons de l'expérience qu'elle convainque les catholiques de la nécessité d'aller au peuple, non plus seulement de leur argent, mais de leurs personnes, de se faire les serviteurs du peuple pour Dieu et pour la patrie.

Nous voulons arriver à ce que toute la jeunesse instruite compte parmi ses devoirs de passer quelques heures par an à rendre service à la jeunesse ouvrière, service désintéressé, sans vues ultérieures, sans autre mobile que l'amour que le chrétien doit avoir pour ses semblables. Elle en sera certainement récompensée par la bénédiction de Dieu, et soyez sûr qu'un temps viendra où elle en sera récompensée dès ce monde même par l'influence acquise, par l'habitude de traiter avec le peuple, par la reconnaissance de ce même peuple, dont le sentiment naturel est plus juste qu'on ne le suppose. Quand il voit des hommes comme lui jouir de lumières et de richesses qui lui sont refusées, il s'étonne; mais s'il voit ces mêmes hommes travailler à son bien-être, chercher sans arrière-pensée à élever sa condition, lui faire part de ces avantages intellectuels et sociaux que le loisir seul et la fortune permettent de développer, alors il comprend, l'envie tombe, et il reconnaît qu'en définitive, et quoi qu'en disent les charlatans qui se font un trépied de ses misères et de ses irritations, l'organisation providentielle de la société est bonne.

Mgr Péchenard remercie M. le comte de Vorges de son intéressante communication, et donne la parole à M. Paul Lerolle.

M. P. Lerolle. — Je voudrais attirer votre attention sur deux choses qui rentrent dans la vie ordinaire, intime, des patronages. Dans certains patronages laïques il y a un grand nombre de patrons (une centaine, et parmi eux, j'ai le regret d'en rencontrer qui sont chrétiens), qui donnent une petite souscription à l'œuvre qui sollicite leur concours pour le placement des enfants; ils entourent ce patronage de leur sollicitude, l'avertissant des besoins de l'industrie parisienne, de la valeur des métiers. On disait, il y a dix ans : Tel métier est excellent; on le répète encore aujourd'hui, alors que cette industrie a disparu ou tend à disparaître. Il y a là une grosse erreur, un préjudice pour nos enfants. Il faudrait donc réunir autour de nous un certain nombre d'industriels pour former au moins un conseil pour le placement des enfants. A Nazareth, il y avait un confrère, un ancien industriel; le jour où il s'est trouvé chargé de la visite des ateliers, on a vu un véritable progrès dans le placement. Il faut qu'il y ait des rapports entre les patrons et les œuvres. Voilà une idée à mûrir : former dans les patronages un conseil de patrons s'occupant, dans une mesure à déterminer, du placement et de toutes les questions purement professionnelles.

On a parlé des cours du soir, des cours professionnels, je n'ai eu qu'à applaudir à tout ce qui a été dit. Il y a une éducation très délicate à faire et que nous ne savons pas assez faire. Dans toutes nos maisons, il y a des enfants plus intelligents, plus actifs, qui ont une curiosité bien légitime, qui voudraient savoir, et qu'il faut satisfaire. Il y en a d'autres qui ont des préoccupations artistiques qui se rattachent quelquefois à leur état et qu'il faudrait aussi satisfaire. Nous ne faisons pas tout ce que nous devrions. Les directeurs de nos œuvres devraient toujours pouvoir indiquer à un enfant qui aime à lire, qui a besoin de développer certaine connaissance ébauchée dans son esprit, les lectures qu'il pourrait faire facilement. Il y a des enfants très assidus, ayant le désir de s'instruire, et qui ne trouvent pas dans leur métier les moyens de connaître ce que c'est que l'art; eh bien! le directeur devrait pouvoir les aider dans les moyens d'acquérir cette instruction qui leur est nécessaire, en les accompagnant au besoin dans la visite des musées. Ces visites ne s'appliqueraient qu'à un très petit nombre, il ne s'agit pas de désorganiser les patronages et de les transformer en promenades le dimanche. Je crois qu'il faut donner un aliment aux jeunes gens qui désirent s'instruire, à ceux qui, par conséquent, sont les plus utiles dans nos patronages. Faute de quoi, nous les perdrons infailliblement.

Mgr Péchenard. — Je regrette que M. Duval, l'avocat de Reims, soit parti tout à l'heure, il aurait pu donner réponse au premier vœu. Il a pu réunir une sorte de société de patrons qui sont consultés sur les progrès, la conduite, les aptitudes des jeunes gens, qui donnent des renseignements aux directeurs des patronages, et en même temps une cotisation pour les aider. Des directeurs de patronages ont envoyé des lettres imprimées à tous les patrons, leur demandant des renseignements circonstanciés sur les jeunes sujets qu'ils emploient. Les patrons ont répondu aux questions qui leur étaient faites, et ont donné une cotisation plus ou moins élevée qui a servi à l'achat des prix décernés aux jeunes gens les plus méritants. Cela répond un peu, je crois, à votre préoccupation.

M. Fraënzel. — Je me permets, en réponse au premier vœu qui vient d'être rappelé, de signaler la fondation récente (depuis six mois environ), d'une œuvre, sous la dénomination d'*Œuvre du placement en apprentissage au profit des patronages catholiques*, et dont le siège est 68, rue François-Miron (Patronage Saint-Gervais).

Elle s'efforce de constituer une clientèle de patrons autant que possible chrétiens, et dont les ateliers en conséquence présentent de réelles garanties morales. Dans les patronages, les offres et les demandes de placement ne sont pas toujours en corrélation. Il importait de grouper plusieurs œuvres. Le Conseil se réunit mensuellement, ses membres visitent les patrons. Nous avons reçu un concours très large et très généreux de la part de l'Union Fraternelle, à laquelle nous nous plaisons à rendre hommage. Nous nous préoccupons, dans le placement, des conditions morales et professionnelles. Nos confrères sont munis d'un questionnaire : (repos du dimanche, — durée de l'apprentissage, — salaire, etc.) Dans nos réunions, nous étudions les questions qui intéressent les rapports réciproques du patron et del'apprenti. Les observations faites constituent un dossier qui reste entre les mains du secrétaire de l'Œuvre.

M. Védie. — Il me semble qu'il faut envisager la question de deux côtés : l'enseignement général et l'enseignement professionnel.

L'*enseignement général*, complément de l'école, pouvant être nécessaire à l'apprenti et à l'ouvrier qui fréquentent les patronages, peut se donner partout, pourvu que le nombre d'apprentis suffise, que le cours soit suivi et que l'émulation existe entre les élèves.

L'*enseignement professionnel* est, à vrai dire, celui qui est le plus nécessaire, mais c'est aux syndicats qu'il appartient de l'organiser. Il est difficile dans un patronage de trouver un nombre suffisant d'apprentis ayant le même métier, et on n'y dispose pas de l'outillage nécessaire pour que des cours soient suivis et pratiques. Je ne crois pas qu'en général on puisse donner utilement l'enseignement professionnel dans les patronages. Mais cet enseignement pourrait exister dans une paroisse, dans une sorte de corporation catholique qui deviendrait le noyau d'un syndicat. Les enfants de plusieurs patronages pourraient se réunir pour cela dans un local unique afin d'atteindre à un nombre suffisant pour chaque métier. MM. les curés seuls, en groupant les patrons et les apprentis d'une paroisse de Paris, pourraient obtenir ce résultat.

M. le curé de Plaisance. — Nous avons essayé. Deux patrons font des cours professionnels pour la serrurerie et pour la menuiserie. Certains ateliers ont envoyé leurs apprentis. Nous avons essayé, nous continuerons l'année prochaine; j'espère que nous ferons mieux...

M. Védie. — A quelle raison attribuez-vous de n'avoir pas obtenu le succès que vous espériez?

M. le curé de Plaisance. — Je crois que c'est à cause du local, qui était celui de l'école des Frères; nous n'avons eu que des anciens élèves des Frères. Les élèves des écoles communales ont préféré ne pas venir.

M. l'abbé Ackermann. — MM. les curés, pour leurs œuvres, sont généralement en rapports avec les patrons chrétiens de leur paroisse, peut-être, comme en telle paroisse voisine, ont-ils eu l'occasion de leur demander un concours collectif. Voilà des ressources utilisables toutes prêtes.

M. F. Kérivan. — Une des raisons qui rendent difficile l'existence des cours du soir dans les patronages, c'est que le recrutement des élèves est très laborieux, l'assistance n'est pas suffisante, les professeurs se lassent et les enfants se fatiguent. MM. les curés ne pourraient-ils pas créer des cours paroissiaux qui permettraient un développement plus grand, un recrutement plus facile, créeraient l'union entre les patrons de la paroisse. Il semble que ce soit là une idée à développer; le recrutement serait plus facile, le travail aurait un aliment plus considérable, et les professeurs, trouvant une assistance plus nombreuse, seraient plus intéressants.

M. de Vorges. — En ce moment, je m'occupe de créer des cours à Saint-François-Xavier, à l'école libre paroissiale, tenue par les Frères. Je crois que la plus grande difficulté n'est pas d'avoir des élèves, mais d'avoir des professeurs. Vingt à quarante élèves suffisent pour encourager le professeur; dans les cours plus spéciaux, l'anglais, par exemple, ou l'allemand, il faut qu'il y ait moins d'élèves; s'il y en avait trente, quarante, le professeur ne pourrait pas s'occuper de chacun d'eux. Je crois que la plus grande difficulté c'est la question des professeurs, il faudrait faire appel à la jeunesse catholique.

M. Hyacinthe Le Franc. — L'Union Fraternelle s'est préoccupée de la formation professionnelle. Elle a préparé un projet pour le Congrès industriel catholique qui doit se tenir à la fin du mois. Il s'agit d'établir une grande propagande dans les sociétés, afin que les apprentis soient pris parmi ceux qui appartiennent aux patronages, qu'ils soient suivis de près, qu'ils soient véritablement des apprentis et non des *commissionnaires* des patrons. Cela a été étudié sérieusement dans les différents groupes de l'Union Fraternelle (alimentation, ameublement, bâtiment, etc.). Le savoir professionnel acquis par l'enfant sera jugé, apprécié par des membres de sa profession. Il ne faut pas se dissimuler qu'en demandant à un patron de former un apprenti, on lui demande un sacrifice, s'il veut faire la chose consciencieusement; il y a le temps du contremaître, il y a le *gâchage* du métier, tout cela constitue un préjudice pour le patron.

Au point de vue des cours du soir, des cours professionnels, les patrons doivent se préoccuper de leur perfectionnement. Sur ce sujet, M. de Vorges a donné un exposé très pratique. A notre avis, il faut maintenir entre nous et les patrons des points de contact, afin que les patrons prennent leurs employés supérieurs dans nos cours professionnels, parmi les élèves qui dépassent une certaine moyenne, qui prennent des diplômes. Ces cours deviendraient alors plus fréquentés, puisqu'il y aurait un intérêt matériel à donner à ceux qui les suivent. Les patrons qui s'intéressent aux patronages trouveraient des intermédiaires, des gens de métier pour faire des cours aux enfants et aux adolescents. Je tiens à affirmer qu'il y a plus de mille patrons (dans notre syndicat) remplis de bonne volonté, qui seraient heureux d'entrer en relations avec vos œuvres.

M. le Dr P. Michaux. — Je voudrais dire un mot sur la nécessité qu'il y aurait d'éclairer, dès le collège, les jeunes gens sur le rôle qu'ils peuvent jouer vis-à-vis des classes ouvrières. Il y a là une véritable lacune à combler dans les maisons d'éducation religieuse. Pour ma part, j'avoue que je regrette le temps passé à l'étude de certaines notions de philosophie sèche, plutôt qu'à l'étude précise des œuvres de charité sociale et populaire ; je demande donc qu'on insiste autant que possible auprès de certaines maisons, afin qu'elles mettent les élèves des classes supérieures au courant des associations, des syndicats, des écoles professionnelles et du rôle considérable qu'ils peuvent y jouer.

Mgr Péchenard donne lecture des vœux suivants, qui sont votés par acclamation :

Le Congrès émet le vœu :

1° Que des écoles du soir soient établies à côté des patronages, partout où on on pourra, réunissant autant que possible les enfants de plusieurs patronages.

2° Qu'on établisse également des cours professionnels où l'on grouperait les enfants d'une paroisse ou de plusieurs patronages.

3° Que l'on forme autour des patronages, avec l'appui des Curés, une société de patrons industriels qui protège les enfants et guide les directeurs dans les placements.

4° Que l'instruction artistique de certains enfants mieux doués soit l'objet d'une attention particulière.

5° Que les patronages soient mis en relations suivies avec l' « Union Fraternelle des patrons » et autres groupements de patrons chrétiens, ce qui amènerait une solution pratique.

6° Que dans les collèges catholiques on insiste dans l'instruction religieuse sur les œuvres et associations par lesquels les élèves pourraient rendre des services.

7° Que dans les Universités catholiques et grands séminaires on encourage les jeunes étudiants à aller faire des cours aux ouvriers.

Troisième séance générale du Congrès

RÉUNION DE HUIT HEURES ET DEMIE DU SOIR

Après la prière, la séance s'ouvre devant une salle comble. Près de trois cents personnes avaient tenu à assister à cette dernière réunion, à laquelle les Dames avaient été admises.

Mgr Péchenard prend place au bureau, assisté de M. P. Griffaton, Président de la Commission des Patronages; du R. P. Moisant, S. J.; de M. l'abbé Soulange-Bodin, curé de Plaisance; de M. l'abbé de Pitray, vicaire de Saint-Sulpice; de M. P. Lerolle, conseiller municipal de Paris; de M. le comte de Nicolay; de M. le docteur Michaux, Vice-Président de la Commission des Patronages, et de deux secrétaires.

Mgr Péchenard rend compte des travaux des précédentes séances, et donne la parole à M. Védie, pour la lecture de son rapport sur l'enseignement social et civique dans les patronages.

Rapport de M. Védie

VICE-PRÉSIDENT DE LA COMMISSION DES PATRONAGES

Monseigneur,

Messieurs,

Au début de ce Congrès, en faisant passer sous vos yeux les diverses institutions de la Ligue de l'Enseignement, et en vous montrant comment l'activité des Ligueurs et de leurs adeptes s'est portée sur toutes les branches de l'instruction, le Président de la Commission des Patronages dans son rapport insistait sur le danger de l'enseignement civique et social donné par des hommes dont les théories ne sont séparées de celles des collectivistes que par des différences légères d'opinion, souvent même par de simples nuances de mots. Point n'est besoin de souligner ce danger, les résultats qu'il peut engendrer sautent aux yeux des observateurs les moins clairvoyants. Mais devons-nous nous borner à des constatations et à des lamentations platoniques ? Nul d'entre vous ne peut le penser, Messieurs. Un regard jeté en arrière sur la marche progressive des idées sociales dans toutes les classes, depuis

vingt-six ans que sont éteints les incendies de la Commune, suffit à démontrer le rôle de jour en jour plus important qu'elles viennent dans nos mœurs, et la nécessité de leur donner une place de choix, dans ces maisons d'éducation que doivent être les patronages modernes.

Que deviendra le gamin de dix ans qui franchit le seuil d'un patronage pour la première fois ? Un chrétien, un chrétien pratiquant, plus tard le chef d'une famille chrétienne ; c'est à la formation religieuse et morale dispensée dans notre œuvre à lui donner cette trempe. Ce doit être aussi un ouvrier intelligent et habile dans son métier, et c'est à ce double besoin que répond la formation intellectuelle et professionnelle que nous devons mettre à sa disposition. Mais ce n'est pas tout, Messieurs : cet enfant deviendra un citoyen de la grande patrie française, il sera appelé à déposer dans l'urne un bulletin de vote, qui aura la même valeur que le vôtre, il doit connaître ses devoirs envers la société, envers ses supérieurs, et aussi ses droits, tout cela s'appelle l'enseignement civique et social, et nous faillirions à notre tâche si nous avions le malheur, par pusillanimité ou prudence exagérée, de ne point lui apprendre comment il doit user de cette liberté pour lui-même et pour les autres.

Longtemps, beaucoup de directeurs et de confrères ont pensé que la piété devait suffire à tout, et nous avons vu parfois des doctrines subversives cohabiter, chez quelques jeunes gens, sortis des œuvres, avec les pratiques religieuses les plus régulières. D'autres ont préféré la conspiration du silence autour d'idées si souvent grosses de difficultés, estimant que l'atmosphère pure de l'œuvre contrebalançait dans l'esprit des jeunes gens le bruit des discussions d'atelier et l'effet des lectures hasardées. Prudence exagérée, crainte chimérique, déplorable illusion ! L'esprit a besoin d'être éclairé, et l'ignorance laisse le champ libre à l'ennemi pour y semer l'erreur.

Tout poison doit avoir son antidote, et ce n'en est point un que de n'offrir dans l'œuvre aucune contre-partie, aux théories sociales des beaux parleurs d'ateliers des faiseurs de grèves, et surtout de la mauvaise presse.

Je me garderai bien, Messieurs, d'abuser ici de la situation et — à l'exemple de certain ministre en quête d'un vote de confiance — d'agiter devant vous le spectre du socialisme ou celui de l'anarchie. Je crois qu'on peut considérer sur ce principe le problème comme résolu ; et cela sans risque de réveiller, à propos de patronages, la querelle des anciens et des modernes. Car il y a dix-huit mois, au Congrès des Œuvres de jeunesse, un vœu dans ce sens fut émis, rédigé par M. Lerolle, vœu qui eut la bonne fortune de rallier les esprits les plus avancés parmi nous, et les hommes qui ont blanchi sous le harnois des œuvres, qui y furent nos initiateurs, et que nous aimons toujours à considérer comme nos maîtres.

Mais comment convient-il de dispenser à la jeunesse ouvrière, dans les œuvres de patronage, cet enseignement civique et social qui est le complément de son éducation morale ? A quel âge doit-on commencer à s'en occuper ? Sous quelle forme est-il préférable de le donner ? Quels sont les résultats à poursuivre et les écueils à éviter ? C'est, Messieurs, le sujet de ce rapport, qui n'a point la prétention de présenter un corps de doctrine, mais simplement des idées glanées dans les œuvres que nous connaissons et destinées à servir de bases à vos discussions.

∴

Tout d'abord, Messieurs, la forme sous laquelle peut être donné l'enseignement civique et social, dans un patronage, doit varier avec l'âge des enfants. Et la nécessité d'entretenir plus ou moins tôt les enfants de ces questions, dépend avant tout du milieu où ils se trouvent. Inutile à la campagne avant l'âge adulte, il peut être indispensable dans un pays industriel dès le catéchisme de persévérance, avant même l'entrée à l'atelier. Ici, comme partout en matière de patronage, on ne saurait indiquer un usage général.

Ils sont encore dans toutes les mémoires, les échos des polémiques et des luttes qui se sont élevées, il y a quelques années, à la suite d'additions faites par beaucoup d'Evêques aux catéchismes diocésains, en ce qui concerne les devoirs envers la Société. Si ces chapitres — qui offusquaient tant nos gouvernants — ont dû être généralement biffés de l'enseignement ordinaire des catéchismes paroissiaux, ils ont leur place marquée dans l'enseignement donné à l'enfant fréquentant le patronage. Puisque nos pupilles sont déjà une sélection dans la masse, qu'on leur demande une connaissance plus approfondie du catéchisme, on peut leur donner cette notion plus complète de leurs devoirs civiques et sociaux. Vous voyez, Messieurs, qu'il n'est pas besoin d'attendre l'entrée à l'atelier ou au magasin pour entreprendre cet enseignement. Il suffit de donner la contre-partie du manuel de l'école laïque. C'est donc un premier degré pour les plus jeunes.

∴

Presque tous les patronages importants comptent au moins une institution de prévoyance qui est ouverte aux écoliers comme aux apprentis. Ici se place naturellement l'encouragement à l'épargne, cette vertu si française — disait-on jadis, — que le goût du bien-être et du luxe sans cesse grandissants dans notre société plus raffinée, semble en train de changer en une imprévoyance fatale pour la vieillesse de nos générations d'ouvriers. Cette vertu, comme toutes les autres, s'acquiert bien plus par la pratique que par la théorie. Et à cet égard toutes les institutions économiques que l'on peut créer dans un patronage ou autour d'un patronage, sont les meilleures écoles d'application que l'on puisse voir. Il me suffit ici d'une énumération sans entrer dans les détails : sociétés de secours mutuels, caisses d'épargne, caisses de chômage, caisses de loyers, caisses de décès, caisses Raffeissen, coopératives, et bien d'autres encore que le zèle ingénieux des directeurs et des confrères sait recommander et encourager. Mais, à mon humble avis, il est nécessaire que nos patronnés gèrent eux-mêmes leurs affaires, qu'ils aient la charge d'en recouvrer les fonds, d'en tenir la comptabilité, d'en décider l'emploi, sous le contrôle vigilant et sage du directeur et des confrères. C'est à cette condition, à mon sens, qu'ils prendront goût à ces caisses de prévoyance, qu'ils s'y intéresseront et, qu'en dehors de l'appui pécuniaire, ils trouveront dans ces institutions l'instrument d'éducation qui en est le but moral. Permettez-moi de vous faire remarquer, Messieurs, que ces caisses de prévoyance sont justement ce que nos adversaires ont fait de plus sérieux. Ils ont commencé et étayé leur mouvement sur les mutualités scolaires, ces sociétés de secours mutuels d'écoliers. Certes, un enfant n'est pas perdu parce qu'il verse deux sous par semaine dans une caisse laïque ! Mais notez bien que c'est là le commencement d'un embrigadement. L'influence du Monsieur qui tient la clé de cette caisse — même s'il est socialiste, — se perpétuera sur l'enfant devenu jeune homme, d'autant plus que la force de l'habitude et l'intérêt resteront en jeu.

∴

J'ai hâte, Messieurs, d'arriver au point capital de ce rapport, à l'enseignement social qu'il convient de donner à l'apprenti, au jeune ouvrier, à l'employé de magasin, à notre pupille devenu homme enfin, qui se trouve aux prises avec les obligations d'un métier, et qui commence ce dur labeur qu'on a nommé « la lutte pour la vie » !

Ici nous devons faire une distinction. Il existe deux parts dans l'enseignement social et civique : La première comprend les principes fondamentaux qui règlent les devoirs de l'homme envers le prochain et envers la Société. La seconde concerne l'application de ces principes suivant les lois économiques et les mœurs politiques du pays.

Les principes fondamentaux, dont l'ensemble forme la morale sociale, sont du domaine de l'Eglise. C'est au prêtre qu'il appartient de les enseigner dans les patronages comme partout ailleurs. Cet enseignement se donne aux grands jeunes gens, soit sous forme d'instructions à la chapelle, soit sous forme de conférences religieuses. Je n'ai point à m'étendre sur ce sujet, je n'ai point à dire comment ces conférences se font ou doivent être faites, ce n'est point à Garo à en apprendre à son curé.

Je passe donc à la seconde partie de l'enseignement civique et social, celle qui sort du cadre du docteur pour entrer dans celui de l'économiste.

Jadis, on pensait que des conférences faites de temps à autre avec talent et compétence, par des confrères zélés, sur un point choisi des grands problèmes qui agitent le monde du travail, étaient un enseignement suffisant. Loin de moi, Messieurs, la pensée de nier l'influence excellente et les services très appréciés que les conférenciers rendent chaque jour à nos œuvres, en venant y traiter ces questions ! Encore faut-il qu'elles soient mises à la portée de l'auditoire ; suffisamment théoriques, mais pas trop, qu'elles entrent dans les détails de l'application. Ces conditions remplies, est-ce là cependant un enseignement qui puisse suffire ? Si l'esprit des jeunes gens est déjà tant soit peu prévenu par suite de conversations ou de lectures antérieures, le conférencier ne semble-t-il pas faire un plaidoyer *pro domo?* Et puis, surtout, comment pouvez-vous être assurés d'avoir pleinement convaincu vos auditeurs, quand ils n'ont point la faculté de vous poser leurs objections? Beaucoup de directeurs d'œuvres ont jugé la question. Pour eux, les conférences sociales sont utiles, indispensables même, faites par des hommes compétents et connaissant la vie ouvrière, elles rendent aux œuvres de signalés services, elles frayent la route, ouvrent les horizons, préparent les esprits, mais elles ne sauraient suffire à donner à nos pupilles la formation sociale qui leur convient. Il fallait donc chercher autre chose.

Voici comment, dans un grand nombre de villes, la question est résolue. On forme parmi les plus grands de l'œuvre, soigneusement choisis, un groupe d'études sociales.

Toujours, au début, deux objectifs sont proposés aux jeunes gens :

1° Exposer les difficultés de tous genres qu'ils ont à surmonter dans leur profession, en tant que catholiques vis-à-vis de leurs contremaîtres ou de leurs patrons, difficultés dans l'accomplissement de leurs devoirs religieux, etc.

2° Exposer les objections qu'ils entendent soulever autour d'eux, soit au travail, soit dans leurs relations.

Le directeur ou le confrère chargé du groupe s'efforce de ne point répondre lui-même à ces objections, mais d'y faire répondre les jeunes gens.

Une fois le cycle de ces objections épuisé, naturellement l'étude va plus loin, et l'on se met à discuter les fameuses questions du salaire, de la durée des heures de travail et autres, qui sont la cause ordinaire des différends entre patrons et ouvriers. Ces groupes deviennent ainsi de véritables cercles d'études sociales, dans lesquels confrères et ouvriers opèrent, mieux que partout ailleurs, le rapprochement des classes, en discutant ensemble des questions qui touchent aux intérêts des uns et des autres. Ils apprennent ainsi à mieux connaître leurs besoins réciproques, ils apprécient plus justement leurs situations respectives, le jugement de tous y gagne en maturité. Les ouvriers acquièrent une compétence sérieuse dans les problèmes qui les touchent et souvent aussi une certaine habileté à manier la parole.

Ce sont des résultats, Messieurs, et si l'écueil n'est pas loin, comme nous le verrons tout à l'heure, il y a un immense avantage à rapprocher ainsi, dans l'étude, employeurs et salariés, à former des ouvriers chrétiens sachant discuter, à faire des orateurs ouvriers capables de tenir tête, raisonnablement et en soutenant des idées saines, aux tribuns que les bourses du travail envoient dans tous les centres, prêcher la cause socialiste et lui recruter des adeptes.

Il n'y a pas longtemps que les patronages ont ainsi fondé des cercles d'études sociales pour leurs grands jeunes gens soit au sein même de l'œuvre, soit au dehors. Il en existe aujourd'hui au moins une centaine. Ils se sont multipliés principalement dans les centres industriels, dans la région du Nord en particulier : à Lille, Roubaix, Saint-Quentin. A Lille, les orateurs ouvriers ne laissent plus passer une conférence socialiste sans y réfuter le conférencier. Tours, Nice, et beaucoup de villes de province ont organisé des cercles d'études sur le modèle de ceux du Nord. A Paris, nous voyons fonctionner avec succès ceux de Plaisance, celui du syndicat des employés de commerce et de l'industrie, fondé par les Frères dee Ecoles chrétiennes, et quelques autres encore. C'est en somme une forme qui tend à se répandre de plus en plus.

J'annonçais, tout à l'heure, que l'écueil n'était pas loin. J'y arrive.

Il y a, dans ces études brûlantes, une marge de questions libres très étendue, une part contingente considérable. Or, l'esprit éclairé, le jugement juste et pratique du confrère (prêtre ou laïque), qui assiste à la réunion et en règle les débats, est le seul contre-poids aux idées peut-être risquées de l'ouvrier, qui, de très bonne foi, peut s'illusionner et se croire des droits exagérés. Si ce contre-poids était insuffisant, l'équilibre n'existerait plus. Les idées risquées — partant dangereuses — seraient susceptibles d'emporter les esprits vers des conclusions déplorables et d'une réalisation impossible. L'instrument d'éducation deviendrait un danger pour la paix sociale! Il faut, pour obvier à ce mal, deux choses : pour le directeur ou le confrère qui dirige le groupe, une préparation sérieuse, non pas seulement par une série d'études théoriques, mais aussi et surtout par une connaissance approfondie, pratique et raisonnée des besoins de l'ouvrier et des exigences de l'industrie à laquelle il appartient; — à l'ouvrier lui-même, il faut une formation primordiale très forte donnée dans l'œuvre, qui, sans comprimer l'individualité, lui imprime une confiance telle dans le directeur ou le confrère, qu'il finisse toujours par accepter la solution qu'il propose, quelque pénible que puisse en être l'application.

Au début de ce rapport, je rappelais que la piété ne peut suffire à tout, je dois ajouter ici que la piété est utile à tout! Il faut en effet à celui qui peine, pour accepter toutes les conséquences de la dure loi du travail, une formation religieuse, une abnégation chrétienne qu'un long séjour à l'œuvre peut seul assurer. Peut-être faut-il chercher dans ce manque de formation première la cause de quelques mécomptes survenus dans certains cercles d'études d'ouvriers.

Mais si le groupe d'études sociales veut passer du domaine de la théorie à celui de la pratique, et prétend transporter dans l'application les résultats acquis par les études faites, — ce qui est en somme le corollaire fatal, le but auquel on arrivera un jour, qu'on le veuille ou non, — ah! Messieurs, là, je le déclare hardiment, vous risquez fort de n'avoir forgé qu'un nouvel engin de guerre sociale, si vous n'avez pas, parallèlement à ce groupement ouvrier, fait un groupement de patrons auxquels vous aurez soumis les mêmes questions, avec lesquels vous aurez mené les mêmes études aux mêmes conclusions!

Je ne songe nullement ici à nier le droit d'association, qui appartient aux ouvriers comme aux patrons. Mais le but social que nous poursuivons, c'est la paix et l'union entre les classes, particulièrement dans le monde du travail. Par conséquent, le syndicat mixte, composé de patrons et d'ouvriers, ou le syndicat de patrons et le syndicat d'ouvriers, avec délégation des uns et des autres, pour étudier ensemble les questions qui peuvent les diviser, voilà le résultat final vers lequel doivent converger tous nos efforts.

∴

Léon XIII, dans l'Encyclique « sur la condition des ouvriers », lorsqu'il énumère les œuvres propres à amener la paix et la concorde dans le monde du travail, nous dit : « Mais la première place appartient aux corporations ouvrières, qui, en soi, embrassent à peu près toutes les œuvres. » La corporation, ou, pour employer un mot plus moderne, le syndicat, tel est le but qui nous est proposé. C'est, en somme, la pratique de l'enseignement social. Cette pratique, peut-on la trouver dans le patronage ou autour du patronage? C'est le dernier point qui me reste à traiter. Je serai très bref, Messieurs, car ce rapport, s'il touche à beaucoup de choses, n'a d'autre but, ainsi que je le disais en commençant, que de poser des jalons pour la discussion qui va s'ouvrir; il n'a pas l'outrecuidance de résoudre les questions.

On a dit souvent que ce qui rend si difficile parmi nous la formation d'associations de tous genres, c'est le manque absolu d'esprit d'association après un siècle d'individualisme complet. Il est du devoir du directeur d'un patronage de songer à l'avenir et d'inculquer de bonne heure cet esprit d'association aux membres de son œuvre. Pour cela, il est aisé de grouper, dans des réunions spéciales, les apprentis de même profession ou de professions similaires. L'aliment de ces réunions se trouve dans l'étude des obligations spéciales qu'impose le métier, et des questions qui l'intéressent. Je pourrais citer tel patronage où, dans ces sortes de réunions, les enfants sont invités à expliquer toutes les occasions qui se présentent, au cours de la journée, de se rendre utiles à leurs compagnons de travail, et la façon dont ils ont usé de ces occasions.

Parallèlement à ces réunions d'apprentis et de jeunes ouvriers, certains directeurs et confrères s'ingénient à grouper les patrons. Expositions des travaux des membres de l'œuvre, conférences ou cours professionnels, fêtes du métier, tout cela est prétexte à les réunir, à les intéresser aux apprentis et à la maison d'éducation qui les moralise.

L'ensemble de ces deux groupements prend parfois le titre de corporation, et il est des patronages qui en comptent plusieurs, déjà anciennes.

Ces groupements sont-ils susceptibles de devenir jamais des syndicats sérieux, ayant une réelle portée, une véritable action sociale, suivant l'Encyclique sur la condition des ouvriers? Il faut avoir le courage de dire la vérité, et de répondre : Non!

Le patronage reste toujours l'œuvre génératrice, la corporation n'en est que l'accessoire. Cela est naturel. Le cadre est trop étroit, il ne s'applique qu'à une poignée d'apprentis et d'ouvriers — ceux qui fréquentent l'œuvre — cent, deux cents au plus, morcelés en vingt métiers différents. Le nombre des patrons est encore bien plus restreint ; ce sont les meilleurs parmi ceux chez lesquels on place les patronnés. Nous savons par expérience les conditions minima qu'on est obligé d'exiger d'un patron pour lui confier un apprenti; ils ne sont pas tous chrétiens, on ne peut donc les embrigader tous. D'ailleurs, l'action d'un patronage dans une grande ville, à Paris surtout, ne se fait sentir que dans un périmètre restreint, les apprentis travaillent souvent fort loin du siège de l'œuvre, et les patrons même bien pensants n'y peuvent venir que rarement.

C'est donc un embryon de corporation que l'on peut fonder dans un patronage, mais non un syndicat assez fort et assez nombreux pour vivre de sa vie propre, et en pareille entreprise, le nombre est un facteur important, car, vous le savez, Messieurs, la puissance d'une association s'accroît en raison décuple du nombre de ses membres.

A Tours, nous avons vu un groupement de ce genre végéter dans un patronage, mais le directeur, homme fort avisé, n'hésita pas un beau jour à en transporter le siège dans une paroisse. Il s'agissait de peintres en bâtiment. Le curé convoqua à la fête corporative tous les peintres, patrons ouvriers et apprentis, bien pensants de la ville. La nef de l'église se remplit facilement. A l'issue de la cérémonie, tout le monde se réunit dans une salle voisine, et, séance tenante, furent jetées les bases d'un syndicat mixte qui — il y a huit ans de cela — fonctionne très bien aujourd'hui.

Cet exemple, Messieurs — et c'est en cela un avis personnel que j'émets — me paraît tracer la voie qui souvent pourrait être suivie.

Certes, on m'objectera, avec quelque raison, d'ailleurs, que cet exemple n'est pas applicable partout : vérité en deçà des Pyrénées, erreur au delà. Sans m'attarder à démontrer que les collines qui séparent la Loire de la Seine ne rappellent que de loin les Pyrénées, permettez-moi d'affirmer que je reste persuadé que plus d'une paroisse parisienne pourrait tenter l'aventure.

Chaque patronage fournit, avec le temps, des recrues sérieuses et solides à la cause catholique, comme apprentis, ouvriers, employés, contremaîtres, voire même petits patrons. Trop souvent ces réserves de travailleurs chrétiens ne sont point utilisées pour le bien général de la société, on ne tire pas de cette force véritable tout ce qu'on en pourrait tirer. C'est à la paroisse à grouper ces troupes d'élite, à leur adjoindre les ouvriers et les patrons qui appartiennent à d'autres œuvres, et aussi toutes ces volontés hésitantes qui ne demandent qu'à se laisser prendre et encadrer. Avec ce faisceau, la paroisse pourra former des corporations de métiers vraiment sérieuses. Si la paroisse est trop petite, qu'elle s'entende avec la paroisse voisine pour ne faire qu'un groupement. Et pourquoi ces corporations paroissiales ne se réuniraient-elles pas ensuite en un syndicat général ? L'exemple nous est donné par les syndicats agricoles communaux — ils sont plus de mille aujourd'hui — groupés en syndicats régionaux.

A Paris, où les industries sont souvent localisées par quartier, qui empêcherait d'imiter ce qui se fait à deux pas d'ici ? La Confrérie de Notre-Dame-des-Champs est une sorte de corporation qui groupe les horticulteurs d'une partie de Paris.

∴

Quelles que soient les difficultés que de pareilles entreprises peuvent soulever, il est hors de doute que la salle paroissiale est le lieu où doivent

être organisées les institutions professionnelles et sociales, en prenant pour base les éléments que fournissent toutes les œuvres ouvrières, et en particulier les patronages, éléments déjà formés et préparés à cette culture sociale plus complète. Dussé-je passer pour un utopiste, je vous avoue qu'il me plait à rêver que si toutes les paroisses faisaient un effort dans ce sens pendant les trois années qui nous séparent de l'Exposition de 1900, à côté de beaucoup de choses étonnantes, l'aurore du siècle prochain verrait le groupement en syndicats généraux de corporations professionnelles paroissiales, dont les éléments principaux auraient été fournis par cet admirable réseau d'œuvres qui enveloppe la France dans ses mailles de jour en jour plus serrées. Alors on comprendrait mieux l'importance des patronages, on leur marchanderait moins argent et dévouement, les questions professionnelles et de placement y seraient facilement résolues, et nous n'aurions guère à nous préoccuper des entreprises de nos adversaires! Mais... tout cela n'est qu'un rêve, une chimère peut-être! Ne souriez pas cependant, Messieurs, réfléchissez plutôt que d'autres l'ont pris au sérieux. Ce que vous hésiterez à faire avec vos patronages et vos salles paroissiales, songez que nos adversaires sont en train de le réaliser avec leurs groupements autour des écoles et leurs bourses du travail!

C'est le but final de leurs efforts. A vous de savoir si vous voulez vous laisser devancer! ***(Applaudissements prolongés et acclamations.)***

∴

M. le président déclare la discussion générale ouverte.

M. Verdin nous entretient du syndicat des employés du commerce et de l'industrie, composé d'anciens élèves des écoles de Frères; ce syndicat n'est pas paroissial, mais il met en activité les jeunes gens formés dans les patronages des Frères, qui existent dans presque toutes les paroisses de Paris. Les conférences sociales qui y sont faites doivent leur succès à la direction qui leur est imprimée par M. Jean Lerolle.

M. J. Lerolle. — Il y a plusieurs années, alors que j'étais étudiant à l'Institut catholique, M. Claudio Janet me demanda de donner mon concours au syndicat de la rue des Petits-Carreaux. Cette année, nous nous occupons de la question du travail dans chacune des séances (nous en avons neuf pendant l'année); nous examinons un des points de la question. Après avoir posé le problème, s'ouvre la discussion; chacun apporte son idée, les renseignements recueillis dans la pratique journalière de la vie, dans les journaux, dans les ateliers. Notre rôle n'est pas celui d'un professeur, d'un docteur qui apporte une doctrine toute faite; il nous a semblé que nous devions chercher avant tout à exposer l'état de la question, à éveiller des idées, à faire penser par eux-mêmes nos auditeurs Je crois que c'est ce qu'il y a de mieux à faire, en attendant qu'il y ait une doctrine bien certaine. Je ne crois pas qu'on puisse imposer une doctrine au nom du catholicisme. Il faut éclairer ses auditeurs, les faire réfléchir, les amener à conclure par leurs réflexions personnelles.

M. H. Le Franc. — J'ai quelques observations à présenter au point de vue de la question corporative, vis-à-vis de la paroisse. Je ne crois pas qu'à Paris il soit très pratique de faire des syndicats paroissiaux. Nous avons essayé de nous placer sur ce terrain il y a quelques années, à la suite des difficultés soulevées par la loi de 1884. Nous avons jugé à propos de rattacher la vie chrétienne à la paroisse, et la vie sociale au syndicat. Dans nos syndicats, dans nos réunions mensuelles à Montmartre, nous avons recommandé l'attachement à la paroisse, et nous sommes arrivés, à Saint-Germain-l'Auxerrois et à Saint-Roch, à avoir des messes d'hommes, à une organisation paroissiale qui a une certaine force, une certaine ampleur. C'est, en somme, la vie syndicale qui se répand dans la paroisse.

Dans son rapport, M. Védie a fait ressortir le concours que l'on pouvait trouver dans l'association. Je crois qu'au point de vue de l'enseignement social, il faut faire comme pour l'enseignement professionnel : établir des points de contact qui rattachent les différentes œuvres entre elles. Il est bon d'inculquer à l'enfant, au jeune homme, que le travail est une fonction sociale, que les divers membres de la société ont le devoir d'échanger entre eux des services mutuels. Il faut que dans une véritable démocratie, il y ait un courant social pour le bien général, une base d'organisation. Grâce à l'*Union fraternelle*, le contact s'est fait entre des associations de tous genres et a donné, spécialement pour la question dominicale, un résultat tout à fait inespéré.

Le syndicat catholique ne doit pas être une petite église, une petite école fermée mais comme une sorte d'état-major.

M. l'abbé Guérin. — Je désire ajouter quelques observations sur l'enseignement social dans les patronages, en rappelant ce que font les catholiques allemands pour procurer cet enseignement soit aux prêtres, soit aux laïques. Ils pratiquent ce que j'appellerai les grandes manœuvres intellectuelles des catholiques. Une fois par an, généralement aux vacances ou à la Pentecôte, les économistes catholiques se réunissent dans une ville déterminée; on fait appel à tous ceux qui veulent bien venir, prêtres ou laïques. Pendant plusieurs jours, le matin, les grandes questions sociales sont exposées par des économistes dont l'autorité s'impose, et une visite, le soir, dans les grandes industries complète cet enseignement. Pourquoi ne ferions-nous pas de même en France ? Nos grandes villes sont toutes désignées pour ces grandes assises intellectuelles. Je soumets cette idée à Mgr le Recteur de l'Institut catholique, qui plus que tout autre est capable, par sa situation et son grand cœur, de la répandre dans la France entière. *(Applaudissements prolongés.)*

Mgr Péchenard. — Voilà de nobles paroles, et tout un horizon qui s'ouvre devant nous.

Il faudrait faire appel aux prêtres et aux laïques, qui ont étudié théoriquement et pratiquement ces questions sociales, et ils donneraient des conférences.

M. l'abbé Boyreau. — Les unions de la Paix sociale, qui tiennent leurs séances chaque année dans le courant de mai, pendant une dizaine de jours, ont suivi le programme demandé par M. l'abbé Guérin. Dans la soirée et dans la matinée, la théorie; l'après-midi, la visite des œuvres de toutes sortes.

Mgr Péchenard. — Ceci nous jette peut-être loin de nos délibérations. Il s'agit de la question prise dans son ensemble. Nous allons nous restreindre aujourd'hui à la question sociale étudiée dans les patronages, à communiquer aux enfants de nos patronages. Quelque membre de l'assemblée demande-t-il la parole ?

M. Duval-Arnoult. — A propos de l'enseignement social dans les patronages, j'ajouterai quelques mots. Il faudrait, autant que possible, parmi les membres d'un cercle d'études, quelqu'un, prêtre ou laïque, qui connût, non pas seulement les maux des ouvriers, les exigences de leur industrie, mais aussi quelque chose de la science théorique; je crois qu'il est nécessaire, pour s'occuper avec compétence et autorité des questions sociales, de savoir au moins la langue de l'économie politique, de savoir lire dans les faits et les interpréter. Je ne demande pas que celui qui aura assumé la mission d'aller dans un cercle d'études sociales se fasse professeur, docteur; qu'il agisse avec tact, sans pédanterie, mais qu'il apporte sans hésiter le secours de sa science.

Maintenant, faut-il que celui qui assume cette mission soit de préférence un prêtre ou un laïque? Pourvu qu'il soit le plus compétent, peu importe. Quand c'est un prêtre, il reste, en le faisant, dans sa mission, qui embrasse tout l'amour du prochain; mais qu'il donne l'enseignement économique en qualité d'économiste et non en qualité de prêtre; car, sur un terrain aussi délicat, aussi hérissé de controverses, où l'accord n'est pas fait entre les catholiques, il risque de s'égarer et de compromettre, avec son autorité personnelle, l'autorité même de l'Eglise, s'il a pu laisser croire qu'il donnait cet enseignement au nom de l'Église.

M. Védie. — J'ai demandé que les personnes, prêtres ou laïques, qui dirigent les débats dans un cercle d'études sociales aient une connaissance approfondie, théorique et pratique de la vie de l'ouvrier et des nécessités industrielles. En ce qui concerne le choix d'un ecclésiastique ou d'un laïque pour diriger ces débats, j'ai fait, à dessein, une distinction entre les principes de la morale sociale et leur application économique. Mgr Freppel et Mgr d'Hulst n'ont-ils pas dit : « Si l'Eglise a une morale qui lui appartient, si elle a des théories sociales qui lui appartiennent, elle n'a pas, elle ne peut pas avoir de théorie économique qui lui soit propre. »

M. F. Kérivan. — Pour avoir quelque influence sur les jeunes gens des patronages, il faudrait commencer par étudier les théories sociales. Puisque nous sommes devant Mgr le Recteur de l'Institut catholique, nous espérons que l'enseignement se répandra parmi tous ces jeunes gens qui sortiront d'ici pour devenir les apôtres des classes ouvrières.

Les confrères qui, depuis dix ans, font tout leur possible pour répandre l'enseignement dans les patronages, sentent le besoin de s'appuyer sur une base solide dans l'étude des questions sociales; il faut quelque chose de plus que ce que nous avons. Dans le Nord, on a réussi à faire œuvre de formation sociale. On a créé des relations entre les œuvres, on s'est préoccupé d'apprendre la pratique de l'organisation sociale, de donner de l'initiative aux enfants et aux jeunes gens. Il faudrait, comme le font nos adversaires, les faire entrer dans la mutualité. L'homme n'est pas un être négatif auquel on ne doit apprendre que ce qu'on ne doit pas faire; c'est un être positif auquel il faut dire comment il faut agir, il faudrait compléter leur formation sociale. L'instruction qui a été donnée jusqu'à ce jour ne suffit plus; il faut faire plus qu'instruire, il faut éduquer, c'est-à-dire apprendre aux jeunes gens à manier les armes dont ils auront à se servir.

M. l'abbé Ackermann. — M. Védie a distingué avec raison la morale et la science économique. La théologie morale ne peut ni donner la science sociale, ni la remplacer, ni s'en passer. La *science sociale* étudie, par voie d'observation, « les lois naturelles des spontanéités sociales », c'est-à-dire ce qui résulte instinctivement d'un fait social posé. Le bien et le mal ne sont pas son affaire. La *morale* commande de vouloir le meilleur, de corriger et de perfectionner la nature. Ce qui, évidemment, ne réussira que si l'on tient compte des lois de cette nature. Le moraliste a besoin de sociologie pour améliorer la société, comme il a besoin de psychologie pour améliorer une âme. Dans nos sociétés complexes, les lois sociologiques sont difficiles à trouver. Beaucoup ne sont encore que des hypothèses à vérifier. On peut bien y asseoir une décision morale *pratique*, puisqu'il faut agir; mais celle-ci n'aura nulle valeur scientifique définitive.

Mgr Péchenard. — La question théorique est épuisée. Quelqu'un désire-t-il prendre la parole pour entrer dans le détail des différentes institutions sociales de prévoyance, de caisses d'épargne dans les patronages ?

M. P. Lerolle. — Personne ne conteste l'utilité des sociétés de secours mutuels. Les sociétés de secours mutuels sont, à tous les points de vue, une œuvre très heureuse. Elles développent dans leurs membres l'esprit d'économie et d'initiative. J'ai vu une société de secours mutuels qui a commencé avec des enfants, avec des apprentis; aujourd'hui cette société compte près de 130 à 140 membres, dont quelques-uns sont âgés de quarante-cinq ans, et qui ont commencé à faire partie de la société alors qu'ils avaient quinze ans. Depuis deux ans, nous avons admis les femmes des sociétaires mariés dans l'association, et nous ne désespérons pas de pouvoir y admettre leurs petits enfants dans quelques années. Il est important de développer ces sociétés dans les patronages, ainsi que les syndicats.

Je ne crois pas que, dans l'état actuel, on puisse créer des syndicats purement paroissiaux. D'abord, pour beaucoup de personnes, la paroisse est transitoire. On y reste aujourd'hui et demain on déménage; le lien est rompu ou le syndicat cesse d'être paroissial; et puis, les ouvriers d'une même profession ne sont pas toujours assez nombreux. Mais on peut se subdiviser et faire des sections paroissiales; je crois que c'est là l'idéal que nous devons poursuivre. Rien ne s'opposerait à ce qu'on essayât de grouper par exemple les ouvriers du bâtiment, maçons, menuisiers, etc.

Dans nos associations, les vieux disent : « Voilà cinquante ans que nos œuvres marchent, c'est très bien »; et les jeunes disent : « Voilà cinquante ans que ces œuvres marchent, il faut faire du nouveau. » La vérité est que toute chose, à certaines heures, a besoin de se renouveler ou mieux de se développer.

Il serait téméraire, sous prétexte de faire du nouveau, de renoncer à des méthodes qui ont fait leurs preuves et de bouleverser nos œuvres. Mais il y a un fait heureux dont il faut tenir compte. Ces œuvres ont formé des hommes, leur faiblesse est peut-être de ne pas savoir assez mettre en valeur le zèle, le dévouement de ces hommes. Il serait facile de trouver, dans nos patronages, des hommes assez forts, assez dévoués pour se mêler aux institutions de prévoyance, aux œuvres sociales, aux groupements ouvriers auxquels ils imprimeraient une direction meilleure, plus chrétienne. Ceci me paraît le développement naturel des œuvres anciennes.

M. Védie. — Après le patronage, le syndicat...

Le R. P. Moisant. S. J. — Avant de nous quitter, il serait peut-être nécessaire de savoir comment procurer cette éducation sociale à nos jeunes gens.

M. l'abbé Soulange-Bodin. — Que le R. P. Moisant établisse dans l'œuvre qu'il dirige, rue des Saints-Pères, un cercle d'études sociales !

Mgr Péchenard. — Faites-vous quelques observations avant de terminer la soirée ?

M. le curé de Plaisance. — Pour terminer la soirée, entre bons amis qui ont passé ensemble quelques instants agréables, ne nous disons pas adieu, mais au revoir; je crois que pour compléter cette journée des patronages, dans laquelle nous avons soulevé bien des questions, trouvé la solution de quelques-unes et laissé des points d'interrogation, il faudrait nous réunir dans six mois; la Commission des Patronages serait assez bonne pour organiser et préparer le Congrès comme elle l'a fait aujourd'hui, et M. le Président assez aimable pour nous recevoir ici.

Mgr Péchenard. — En ce qui me concerne, je mettrai cette salle à votre disposition dans six mois, et j'aurai l'honneur de présider volontiers vos assises.

M. Griffaton. — La Commission des Patronages accepte de se charger de l'organisation de la prochaine réunion, elle y déploiera toute son activité.

Mgr Péchenard donne lecture des vœux suivants, qui sont adoptés.

Le Congrès est d'avis qu'il y a lieu :

1o De former dans les patronages des cercles d'études sociales.

2o Qu'il soit tenu des assemblées générales d'études sociales, pour étudier les doctrines sociales, et se mettre d'accord sur le fond de ces doctrines.

3o Que les conférenciers s'adonnent à l'étude des questions sociales. Qu'ils acquièrent une éducation sociale. Qu'ils se pénètrent de la connaissance des besoins de l'ouvrier et des exigences de son industrie.

4o Etablir des points de contact ou relations suivies entre les patronages et les associations patronales ou ouvrières, pour y faire pénétrer l'influence chrétienne.

5o Apprendre aux jeunes gens des patronages à créer toute sorte d'institutions de prévoyance.

Qu'aux avantages de ces sociétés participent les femmes des sociétaires mariés.

6o Former au sein des patronages des syndicats généraux ayant des sections paroissiales, devenant le noyau de syndicats professionnels sur le modèle du syndicat des employés de commerce.

7o Qu'un nouveau Congrès soit tenu dans six mois, organisé par la Commission des Patronages.

⁂

Mgr Péchenard. — Depuis ce matin, nous avons travaillé dans quatre séances successives. Nos séances ont été très vivantes, très animées; les jeunes gens et les jeunes ecclésiastiques qui sont ici, qui les ont suivies, s'attacheront à mettre en pratique les enseignements qu'ils ont entendus. Je crois que cette assemblée aura fait faire un pas sérieux à certaines questions, qu'elle aura donné des solutions importantes, et affirmé beaucoup de vérités.

Nous avons d'abord reconnu la situation de nos adversaires dans les patronages promus par la Ligue de l'Enseignement.

Le patronage doit être une œuvre de préservation. La question a été suivie dans ses différentes étapes. Aujourd'hui, le patronage doit procurer à l'enfant, à l'adolescent, l'enseignement religieux dont il a besoin. La paroisse doit en être considérée comme le centre. Sans rien détruire de ce qui existe, il faut, autant qu'on le pourra, acheminer l'enfant, l'adolescent, vers l'église paroissiale, pour qu'il y vienne remplir ses devoirs de chrétien. Il faut laisser les œuvres qui existent telles qu'elles sont, tout en s'attachant sans doute à fonder des patronages paroissiaux. C'est à l'église paroissiale que le patronné trouvera les secours qui sont nécessaires à son âme.

Nous nous sommes occupés, dans une autre séance, de la formation professionnelle, de l'enseignement qui permet à l'enfant d'avancer dans sa profession, enseignement qui lui est donné au patronage par l'école du soir ou par l'école professionnelle, de la visite chez les patrons, dans les ateliers, dans les bureaux et dans les magasins.

Enfin, nous nous sommes occupés de l'enseignement social dans les patronages, de la nécessité d'initier les enfants et les jeunes gens aux questions sociales, afin qu'ils connaissent les grands devoirs qui s'imposent à eux et qu'ils se disposent à les remplir plus tard.

Nous avons tiré quelques conclusions que je vous ai lues sous forme de vœux.

Nous avons vu que le patronage est une école de science religieuse, une œuvre de vraie formation sociale, s'occupant de l'enfant au point de vue professionnel et au point de vue social, pour en faire un bon chrétien, un bon citoyen, qui fasse des conquêtes autour de lui, un bon ouvrier de la cause sociale, un bon électeur qui devra élire enfin des législateurs qui feront de bonnes lois et renverseront les mauvaises qui nous oppriment.

J'ai été très touché de la pensée que vous avez eue de vous réunir ici.

Je désire vivement que l'Institut Catholique, que j'ai l'honneur de diriger, devienne un immense foyer de science, de lumière et de chaleur, un centre d'œuvres, et que, de partout, on vienne y puiser cette science, cette lumière et cette chaleur qui rayonneront jusqu'aux extrémités du corps social.

Autant qu'il dépend de moi, je vous convie en toutes circonstances à venir à l'Institut Catholique pour y étudier vos œuvres. Soyez sûrs que je vous y accueillerai avec joie, et que je faciliterai l'existence de vos œuvres.

J'accepte le rendez-vous pour le commencement de décembre, dans six mois. *(Applaudissements prolongés.)*

La séance est levée après la prière.

AD MAJOREM DEI GLORIAM

LE PATRONAGE

La Commission des Patronages publie un bulletin qui intéresse les œuvres de jeunesse, les collèges, écoles, œuvres militaires, œuvres de catéchisme, etc. Cet organe propage les meilleures méthodes, les idées propres à développer l'organisation des patronages et le moyen de lutter contre la déchristianisation du pays.

Le Bulletin renferme deux Suppléments : — l'un contient des documents pratiques, plans d'instructions, règlements, jeux, pièces, etc.; l'autre des conférences historiques, religieuses et littéraires, toutes préparées, avec ou sans projections.

PRIX D'ABONNEMENT

	France	Union postale
Le Bulletin seul.	3 fr.	3 50
Le Bulletin et Supplément pratique. .	5 »	4 50
Le Bulletin et Supplément conférences.	4 »	4 50
Le Bulletin et les deux Suppléments .	5 »	6 »

On peut s'abonner dans tous les bureaux de poste; un numéro spécimen est envoyé à toute personne qui en fait la demande accompagnée d'un timbre-poste de 0 fr. 15.

On trouve également au siège de l'Œuvre les brochures suivantes :

1° *Chants de promenade,* aux écoliers, apprentis, jeunes ouvriers de France : petit recueil, paroles et musique, 30 cent. l'exemplaire; 50 exemplaires, 10 francs; 100 exemplaires, 15 francs.

2° *Du rôle des jeunes gens dans les œuvres de jeunesse, principalement dans les patronages* : 0 fr. 15; 5 francs les 50 exemplaires.

3° *La Commission des Patronages, son but* : 0 fr. 05; 2 francs les 50 exemplaires.

4° *Dossiers de documents* : 2 francs.

5° *Les années de 1891 à 1897, sauf un certain nombre de numéros écoulés, mais dont les principaux articles ont été reproduits depuis lors* : 3 francs par an, tables et couvertures; 3 fascicules de jeux : 0 fr. 50 chaque.

6° *En vacances, ou De la façon de faire un patronage à la campagne* : 0 fr. 70, franco.

7° *Les Manuels de patronages,* ville : 0 fr. 55; campagne : 0 fr. 75.

8° *Albums d'images* : 0 fr. 75, 1 francs, 1 fr. 25 (réduction par 25 et 50 exempl.).

9° *Le Compte rendu de la première Journée des Patronages* : 2 fr. 50, franco.

10° *Manuel de gymnastique réglementaire* : 1 fr. 50; franco : 1 fr. 75.

11° *Chant : Salut, drapeau*; accompagnement, 1 franc; paroles, 2 fr. 25 le cent.

12° *Chants : Le Canada, Reine des Saints* (cantique); paroles, 2 francs le cent.

13° *Un sacrifice* : drame en 3 actes; franco : 1 fr. 10.

14° *Catalogue de projections et instructions pratiques* : franco : 1 fr. 50.

SOUS PRESSE :

AU SORTIR DE L'ÉCOLE

LES PATRONAGES

PAR MAX TURMANN

Lecoffre, Éditeur, 90, rue Bonaparte, Paris.

LIGUGÉ (VIENNE). — IMP. SAINT-MARTIN. M. BLUTÉ.

www.ingramcontent.com/pod-product-compliance
Lightning Source LLC
LaVergne TN
LVHW020439230826
846091LV00004B/1548

* 9 7 8 2 0 1 6 1 2 9 5 4 8 *